辽宁省社会科学规划基金项目（项目编号：L19DSZ004）

新时代大学生思想政治理论课认同研究

XINSHIDAI DAXUESHENG SIXIANG ZHENGZHI LILUNKE RENTONG YANJIU

赵 宇 ／ 著

中南大學出版社
www.csupress.com.cn

图书在版编目(CIP)数据

新时代大学生思想政治理论课认同研究 / 赵宇著. 长沙：中南大学出版社，2025. 2.

ISBN 978-7-5487-6060-3

Ⅰ. G641

中国国家版本馆 CIP 数据核字第 2024CD6895 号

新时代大学生思想政治理论课认同研究

XINSHIDAI DAXUESHENG SIXIANG ZHENGZHI LILUNKE RENTONG YANJIU

赵宇　著

□出 版 人　林绵优
□责任编辑　唐天赋
□责任印制　李月腾
□出版发行　中南大学出版社
社址：长沙市麓山南路　邮编：410083
发行科电话：0731-88876770　传真：0731-88710482
□印　　装　广东虎彩云印刷有限公司

□开　　本　710 mm×1000 mm　1/16　□印张 12　□字数 183 千字
□版　　次　2025 年 2 月第 1 版　□印次 2025 年 2 月第 1 次印刷
□书　　号　ISBN 978-7-5487-6060-3
□定　　价　78.00 元

前言

Preface

党的十八大以来，以习近平同志为核心的党中央高度重视大学生思想政治理论课（简称“思政课”）建设，立足于党和国家事业长远发展的战略目标，将思想政治理论课作为“落实立德树人根本任务的关键课程”，出台了一系列政策文件，采取了强力举措，给思想政治理论课带来了深刻的、历史性的变化，极大地提升了思想政治理论课在培育时代新人中的吸引力、感染力和实效性。然而，评价大学生思想政治理论课建设的成效，离不开大学生的视角。研究大学生思想政治理论课认同是检验大学生思想政治理论课建设成果的途径之一。目前，在大学生思想政治理论课建设研究中，从大学生视角开展思想政治理论课认同研究的成果还不够多，而且大多停留在思想政治理论课建设的政策阐释和定性研究阶段，缺少充分的定量和实证研究。因此，本书采取定性与定量研究相结合的方法，致力于深入研究和精准判定新时代大学生思想政治理论课认同的基本情况、存在的问题、主要原因、影响因素和建设方向，为提升新时代大学生思想政治理论课建设的实效性提供理论和现实依据。

本书以习近平新时代中国特色社会主义思想为指导，依据思想政治教育学基本原理，借鉴社会认同理论，运用文献研究、社会调查与统计分析等定性与定量相结合的方法，对新时代大学生思想政治理论课认同状况、认同程度、影响认同的内外部因素、认同机理及进一步明确大学生思想政治理论课建设的目标方向和具体措施进行了全方位的调查研究，主要得出了三个方面的创新性结论：第一，界定了新时代大学生思想政治理论课认同的概念结构，并据此编制出测量量表。本研究认为新时代大学生思想政治理论课认同即是新时代大学生对思想政治理论课认同的态度和程度，可以通过他们对思想政治理论课的课程内容、教学方法、教师素质和学习收获四个维度的评价来测量认同度，据此概念操作定义编制出调查问卷和测量量表，经统计检验该问卷和量表科学有效，为学界同行提供了量化研究参考。第二，提出了对新时代大学生思想政治理论课认同"五高""四低""六差异"的基本状况的判断，并对其形成原因、影响因素及形成机制进行了深入分析。"五高""四低""六差异"是指在一级指标课程体系、课程内容、方式方法、教师素质和学生获得感五个方面大学生认同度"高"，而在理论获得感、部分内容、教学手段、教学创新等二级指标四方面相对"较低"，在性别、身份、生源地、年级和学科专业、院校所在地域等六方面具有一定"差异性"。第三，从三个方面提出了新时代大学生思想政治理论课认同度的提升策略。主要包括提升对新时代大学生思想政治理论课认同规律的认识，提升课程内容质量，提升新时代大学生思想政治理论课教师的综合素质等，从而全面提升大学生思想政治理论课认同度，提升新时代大学生思想政治理论课教学的实效性。

目录

Contents

第1章

理念内涵：育人理念的目标定位

党的十八大以来，以习近平同志为核心的党中央高度重视思政课在维护国家意识形态安全，培养担当民族复兴大任的时代新人中的战略地位和重大作用，全面规划、系统推进思政课建设，关心思政课教师队伍建设，关心思政课教学改革。习近平总书记参加学校思想政治理论课教师座谈会，走进大学生思政课课堂，提出了一系列具有重大指导意义的新思想、新论断、新举措，使新时代大学生思政课呈现出前所未有的新局面、新样态。那么，作为思政课学习者的新时代大学生群体，他们对党和国家作出的这些努力和思政课建设取得的成效是如何评价的？是否认同？认同中还存在哪些问题？如何进一步提升新时代大学生思政课认同度？科学回答这些问题，对于进一步加强与改进大学生思想政治教育，不断提升思政课吸引力、感染力和实效性，具有重要的理论意义和现实意义。

1.1　研究背景与意义

新时代大学生思政课作为维护意识形态安全、治党治国理政、培育时代新人的关键课程和重要渠道，被提升到“强基固本、铸魂育人、反渗防变的关键课程”[①]的地位。党和国家为此专门出台了一系列重要指导性政策和制度，制定一系列具体规范，开展了全面系统的体制改革，使思政课建设呈现出前所未有的繁荣局面。基于此，深入研究和探索思政课教学规律，特别是了解和把握大学生对思政课建设与改革成效的接受状况、认同程度、评价水平，是正确应用马克思主义关于人的主体性、人民群众创造历史原理的重要体现，能进一步有针对性地提升思政课教学实效性，有效完成思政课作为立德树人关键课程的根本任务，具有重要的理论和现实意义。

1.1.1　研究背景

以习近平同志为核心的党中央高度重视思政课建设。思政课建设是习近平总书记非常关心的事情，也是他在教育工作方面强调较多的内容。他不仅主持召开具有里程碑意义的学校思想政治理论课教师座谈会等诸多相关

① 骆郁廷，李俊贤．思政课何以成为立德树人的关键课程[J]．马克思主义理论教学与研究，2021(1)：112-121.

会议，围绕思政课建设发表系列重要讲话，而且多次深入高校考察强调思政课建设，走入高校思政课课堂，观摩现场教学，同师生座谈，给师生回信。习近平总书记给予思政课建设高度关注，其诸多论述深入阐释了思政课建设的本质和要求，提出要善用“大思政课”，要求将思政课的理论教学与社会实践紧密结合起来；提出“一体化建设”理念，要求思政课教学要遵循学生思想品德成长的客观规律等。习近平总书记系列重要讲话，为大学生思政课建设指明了前进方向，提供了理论遵循。党的十八大以来，有关大学生思政课的政策不断出台落地，《关于深化新时代学校思想政治理论课改革创新的若干意见》为具体、系统地改革创新思政课建设提供了指导方案；《关于加强新时代马克思主义学院建设的意见》和《普通高等学校马克思主义学院建设标准（2019 年本）》不但使高校马克思主义学院得到迅速发展，而且使其建设更加科学规范，为思政课建设的科学发展提供了组织前提；《新时代高等学校思想政治理论课教师队伍建设规定》极大地夯实了教师队伍建设的发展基础，并提供了发展依据和强大的政策保障；《高等学校思想政治理论课建设标准（2021 年本）》《新时代高校思想政治理论课教学工作基本要求》等配套文件更是为大学生思政课全方位、系统化、深层次发展提供了改革规范和创新思路。这些陆续出台的政策文件，为高校思政课建设提供了稳定的政策依据和建设规范。刘建军（2017）用“强大的政治力量”“无与伦比的好事”[①]来形容这些政策文件的出台。这些政策文件的出台，不仅解决了学科建设、课程设置、教材建设、教师工作条件等问题，而且直接推动了思政课的全方位系统化建设，为思政课建设提供了强大的政治保障。广大思政课教师的积极性、主动性、创造性得到了最大限度的调动和发挥。截至 2021 年底，全国专兼职思政课教师人数接近 13 万，全国高校马克思主义学院发展到 1400 余家，着眼强国建设和教育现代化建设，“马工程”建设的体制机制更加完善，使新时代大学生思政课建设有了全方位的组织保障。党的十九大提出建设教育强国是中华民族伟大复兴的基础工程。针对大学生思政课建设问题，教育部启

---

① 刘建军. 全面把握思想政治理论课建设的基本规律[J]. 思想教育研究，2017(4)：57-61.

动了质量提升工程，成立工作委员会，研究评价指标体系；启动了时代新人培育工程，构建着眼第二个百年奋斗目标的新育人体系；开展“一省一策思政课”集体行动，引导各地区发挥区位优势和资源优势，实施精细化管理与研究等积极举措，围绕大学生思政课建设，形成了高位牵引、全国联动、大协同的育人格局与长效机制，营造了全社会关注和支持大学生思政课建设的优良风气。这些举措极大地推动新时代大学生思政课建设健康有序发展，使大学生思政课切实进入培根铸魂、启智润心的深入发展的新阶段。人们普遍能够看到的一个事实就是，思政课已经上升为落实立德树人根本任务的关键课程，而且有了新时代的理论指导与遵循，有了强大的政治力量支撑，有了系列政策文件的保障，在政策完善、教材攻坚、师资攻坚、学科建设、马院建设、研修平台等方面都取得了历史性的成绩，发生了格局性的改变，已经走向内涵式发展的创新之路。

大学生思政课已成为维护我国意识形态安全的主要载体。当前，高等院校已经不是象牙塔，而是意识形态斗争的前沿阵地。西方国家在全球化、网络化、智能化进程推动下，加速意识形态渗透。全球新冠疫情的突发和世界局部地区战争的叠加，使西方意识形态渗透更加复杂，各种社会思潮纷至沓来，各种思想观念纵横交错，杂乱无章，表现出“叠加化”的倾向，撼动着大学生们的心灵，腐蚀着大学生们的思想，冲击着大学生们的头脑，销蚀着大学生们对国家主流意识形态的认同。大学生思政课继承中国共产党思想政治教育传统，全面系统地进行马克思主义理论教育，有着明显的意识形态属性与作用，是巩固马克思主义在高校意识形态领域的指导地位、坚持社会主义办学方向的重要阵地，在当前百年未有之大变局中维护国家意识形态安全方面具有毋庸置疑的重要地位和光荣艰巨的使命担当。“前沿阵地”的意识和观念能够显现透视新时代大学生思政课建设的重要性与紧迫性，这正是学校思想政治理论课教师座谈会给我们的深刻警醒和展示的突出问题。习近平总书记多次强调，要把高等学校办成马克思主义学习、研究、宣传的重要阵地。党的十九届六中全会指出，党的十八大召开后，随着中国的迅速崛起、快速发展，意识形态领域形势发生全局性、根本性转变。大学生思政课既作出了重要贡献，也面临着重大挑战。毋庸置疑，无论是在理论上还是在实践中，高校思政课均被置于维护意识形态安全的重要位置。

依托思政课对大学生进行思想政治教育，成为中国共产党治党治国理政的重要方式。“建国君民，教学为先。”治理国家要把民众的教化放在第一位，教化民众要把学校教育放在第一位，学校是国家教育教学的主体力量。中国从古至今都高度重视学校教育对于治国理政的重要作用。新时代党的教育方针明确指出，高等教育为中国共产党治国理政服务。思想政治教育“是一种特殊的国家治理方式”①，是国家思想体系通畅，文化传统继承，继往开来的必然举措，不仅能够通过思想理论教育加强对精神生活领域的治理，提高治国理政的能力，而且能够通过社会主义核心价值观的培育与践行，建设和发展现代国家治理所需的价值体系。实践反复证明，具有民族特色和时代特性的价值体系是国家治理能力现代化的基本需要，是国家治理体系的基本构成要素。大学生思政课以社会主义核心价值体系为重要课程内容，以系统化教育的方式开展社会主义核心价值观教育，培育时代新人，是中国共产党治党治国理政的重要方式和手段。中国共产党始终把思想政治教育作为治党治国理政的重要方式。强化理论武装是马克思主义政党自身建设的基本特征，马克思、恩格斯都认为加强理论学习与灌输不仅是工人阶级的基本诉求，也是执政党提高自身执政能力与水平的“最好的道路”。中国共产党始终把思想政治工作作为自身的优势，将其摆在“生命线”的地位，认为“思想政治工作是经济工作和其他一切工作的生命线”②。大学生思政课作为思想政治教育的主渠道，是落实立德树人根本任务的关键课程，关系社会主义事业是否后继有人，具有鲜明的政治属性：是无产阶级政党加强思想理论武装，提高未来管党治党能力的教育主渠道；是凝聚社会共识，构建共同价值体系的主渠道；是培育时代新人，加强国家长治久安队伍建设的主渠道。习近平

---

① 沈壮海．新编思想政治教育学原理［M］．北京：中国人民大学出版社，2022.

② 中共中央文献研究室．三中全会以来重要文献选编（下）［M］．北京：人民出版社，1982.

总书记反复强调，“要用好课堂教学这个主渠道”①。由此我们可以发现，作为落实立德树人根本任务的关键课程的高校思政课已经成为中国共产党治党治国理政的重要方式。

大学生思政课成为培育时代新人的核心课程。思政课是“落实立德树人根本任务的主干渠道和核心课程，是加强和改进高校思想政治工作、实现高等教育内涵式发展的灵魂课程”②。堪当民族复兴重任的时代新人是社会主义未来的合格建设者和可靠接班人，是国富民强、民族复兴的生力军，是未来社会进步的主体力量。因为作为时代新人的大学生具有深刻的时代内涵和时代特征，所以对其的培育必然需要新思想新理论的浸润和引导，这是思政课义不容辞的责任。思政课“是培养一代又一代社会主义建设者和接班人的重要保障”③。作为落实立德树人根本任务的关键课程、灵魂课程的思政课自然成为核心课程，其重要地位和作用不言自明。

综上所述，新时代大学生思政课认同研究，就是为了从高校大学生的视角探究大学生思政课认同的基本状况、存在的问题、机制机理，更好地探索大学生思政课建设规律，提升新时代大学生思政课育人效果，承担起新时代大学生思政课应有的责任与使命，实现其应有的价值与功能。

1.1.2　研究意义

新时代大学生思政课认同在维护国家意识形态安全、治党治国理政、培育时代新人中具有基础性和战略性的作用，这就使对其的研究不仅具有重大的理论价值，而且具有重要的现实意义。

首先，有助于探索新时代大学生思想政治教育规律。思想政治教育是中

---

① 张烁. 把思想政治工作贯穿教育教学全过程　开创我国高等教育事业发展新局面[N]. 人民日报，2016-12-09(1).

② 中华人民共和国教育部. 教育部关于印发《新时代高校思想政治理论课教学工作基本要求》的通知[EB/OL]. (2018-04-13). http：//www. moe. gov. cn/srcsite/A13/moe_772/201804/t20180424_334099. html.

③ 习近平. 思政课是落实立德树人根本任务的关键课程[J]. 求是，2020(17)：4-16.

国共产党着眼于中国特色社会主义伟大事业发展和中华民族千秋伟业而采取的重大教育举措，是党的教育方针的重要体现，是培养社会主义合格建设者和可靠接班人的重要保障，是关系中国特色社会主义事业能够承前启后、继往开来的重大战略。堪当民族复兴重任的时代新人是中国特色社会主义事业的生力军，是高校思想政治教育的关键群体。在当今社会媒体技术全域覆盖的形势下，大学生在思维模式、认知特点等方面都表现出鲜明的个性特征，这给大学生思想政治教育工作带来了新挑战。因此，如何提高大学生的思政课认同成为当前亟待解决的问题之一。本研究通过对新时代大学生思政课认同情况进行调查，探究新时代大学生思政课认同度，找出新时代大学生思政课认同产生的机制机理，从而丰富思政课教学理论，深化对思想政治教育特点与规律的理解。如何在新时代背景下，提升思想政治教育的效果，如何对呈现出新特点的时代新人开展行之有效的教育引导，都是新时代高校思想政治教育面临的新挑战。随着新时代大学生教育实践的迅猛发展，思想政治教育呈现出一系列新的特点，如何使不断丰富的理论教育内容更好地被受教育者认同与接受，其中也一定存在着规律。对规律的把握和遵循是搞好课程建设，提高课程教学实效性的重要方式。刘建军(2017)认为，思政课之所以具有复杂性，是因为其具有政治属性，要遵循政治运作规律；具有科学属性，要遵循学术研究规律；具有教育属性，要遵循教育教学规律。[①] 因此，学的规律与教的规律是新时代大学生思政课研究的基本旨趣。本研究对大学生认同与接受规律的研究，就是研究学的规律，对学的规律的科学探寻，有助于探索新时代高校思想政治教育规律。

其次，有助于及时总结新时代大学生思政课建设的经验和教训。总结经验和教训是中国共产党的光荣传统。历史实践证明，高校思政课建设是随着马克思主义中国化时代化的历史进程而推进的，随着大学生思想特点的变化而改进，在世情国情党情的发展变化中创新，换言之，就是在经验与教训的总结中不断发展。新时代，马克思主义理论实现了新的飞跃，大学生呈现出

① 刘建军. 全面把握思想政治理论课建设的基本规律[J]. 思想教育研究，2017(4)：57-61.

新的时代特点，高校思政课“关键课程”地位的确立，都要求我们及时总结经验和教训。然而，尽管新时代大学生思政课建设实现了前所未有的发展，但对系统化改革创新并快速发展的新时代大学生思政课建设经验和教训的总结还有待进一步深化。以学生为中心，注重教育客体的主体性是高校思政课建设的基本经验，也是本研究的基本视角。党的十八大以来，习近平总书记尤其关注思政课教学的针对性，要求提高针对性，要求提高亲和力，要求“围绕学生、关照学生、服务学生”“满足学生成长发展需求和期待”①，要求“加大对学生的认知规律和接受特点的研究”②，这些都是对大学生主体性的充分尊重与关照，是坚持以人民为中心和人民至上的重要体现。从大学生视角用认同理论探究高校思政课建设情况，无疑会丰富新时代大学生思政课建设经验。

最后，有助于提高新时代大学生思政课建设的实效性。马克思曾指出：“问题是时代的口号。”③高质量课堂教学是教育高质量发展的基本保障。课程认同是实现课堂教学高质量发展，提升教学效果的重要路径；对受教育者的课程认同情况进行研究，更是有效激发其学习动力的重要路径。通过认同理论与方法追寻和考察大学生思政课改革创新中学生存在的接受问题，有助于分析新时代大学生思政课认同形成的原因，从而提高思政课建设的实效性。同时，对新时代大学生思政课认同机理的研究，便于科学反思思政课建设，提高思政课建设的针对性。针对性就是有的放矢，“我们要坚持用马克思主义的‘矢’去射中国革命、建设、改革的‘的’”④。在本研究中，“的”就是高校思政课，“矢”就是新时代大学生思政课认同机理，我们要探寻新时代大学生思政课认同机理，来射高校思政课这个“的”。高校思政课建设不能完

---

① 张烁. 把思想政治工作贯穿教育教学全过程　开创我国高等教育事业发展新局面[N]. 人民日报，2016-12-09(1).

② 本书编写组. 习近平总书记教育重要论述讲义[M]. 北京：高等教育出版社，2020.

③ 中共中央马克思恩格斯列宁斯大林著作编译局. 马克思恩格斯全集：第四十卷[M]. 北京：人民出版社，1982.

④ 习近平. 习近平在纪念毛泽东同志诞辰 120 周年座谈会上的讲话[N]. 人民日报，2013-12-27(2).

全凭借主观判断、经验、热情，必须以实事求是的态度，遵循客观规律，开展有针对性的工作，否则就会产生忽视理论的经验主义倾向，因此，本研究从理论与实践两个维度出发，有助于提高思政课建设的实效性。

总之，随着大学生思政课建设全面、快速地推进与加强，及时地把握大学生对思政课的认同状况，将成为不断提升大学生思政课教学效果的重要路径。

1.2 国内外相关研究进展

1.2.1 国内相关研究情况

纵观党的十八大以来我国思想政治教育的发展历程，认同理论已经被纳入思想政治教育研究的范畴。从党的十八大以前“学术界较少涉及的研究领域”①到当前“思想政治教育研究比较热门的课题”②的转变，说明思想政治教育领域的专家学者对认同理论的研究，推动了思想政治教育认同理论的生成与发展，在针对性和实效性等方面都有了比较丰富的研究成果。伴随着思想政治教育的蓬勃发展，对作为主渠道的高校思政课的建设情况的研究更是如火如荼，从普遍走向深入。整体而言，国内学界的研究主要是对思想政治教育认同的相关研究、对新时代大学生思政课认同情况的相关研究、对新时代大学生思政课获得感的相关研究。

(1)对思想政治教育认同的相关研究

第一，关于思想政治教育认同地位的研究。认同是提高思想政治教育有

① 王易，朱小娟. 思想政治教育认同初探[J]. 思想理论教育导刊，2013(5)：97-103.

② 林华开，龙静云. 思想政治教育认同的概念界定和把握[J]. 思想教育研究，2020(5)：23-27.

效性的前提和关键。国内学界对高校思政课认同内涵与地位的研究，内含于对高校思想政治教育认同的研究当中。大学生对思想政治教育的接受与认同问题，在党的十八大以前就有学者开始关注，但并未形成研究热度。学者研究认为"对受教育者的'接受'态度和过程缺少研究"①是教育教学效果不尽如人意的重要缘由，"是当前思想政治教育贫困的关键所在"②。刘建军(2020)认为，"接受问题，是提高思想政治教育的成效和促进思想政治教育科学化的生长点"③，是学校思想政治教育中的根本问题。着眼于接受主体深入探究育人规律，审视育人效果，无疑为提升教育教学效果打开了一扇大门。周婷(2008)认为，"社会认同是思想政治教育成效最为重要的考察点"④；也有多位学者(胡伯项，贾凌昌 2013⑤；魏永强，郑大俊 2014⑥；杨雅涵 2018⑦)研究认为认同是思想政治教育有效推进的"前提"和"关键"。可见，认同在思想政治教育领域中已经得到研究者们的普遍关注，认同研究已经在思想政治教育领域如火如荼地进行。

第二，关于思想政治教育认同内涵的四种论断。关于思想政治教育领域中认同的内涵，有学者研究认为存在三种观点，即"归属论""趋同论""要义论"⑧。"归属论"源自心理学中认同的含义，认为认同是受教育者基于自身发展需要，在教育者引导下，对思想政治教育内容、价值、方法、规范等持赞同与认可的态度，在情感和意识上产生心理归属感，是对思想政治教育满足

---

① 刘建军. 接受理论对思想政治教育的启示[J]. 教学与研究，2000(2)：70-74.

② 周婷. 人文关怀：思想政治教育社会认同的必要支撑[J]. 求实，2008(10)：74-75.

③ 同①.

④ 同②.

⑤ 胡伯项，贾凌昌. 思想政治教育社会认同的动力来源与模型构建[J]. 学校党建与思想教育，2013(1)：11-14.

⑥ 魏永强，郑大俊. 思想政治教育认同的心理结构及其生成机制[J]. 学校党建与思想教育，2014(5)：16-18，21.

⑦ 杨雅涵. 学生接受思想政治教育内在动力探析[J]. 教学与管理，2018(27)：68-70.

⑧ 林华开，龙静云. 思想政治教育认同的概念界定和把握[J]. 思想教育研究，2020(5)：23-27.

自身诉求的积极评价。“趋同论”更多地倾向人的社会属性角度，强调精神性与实践性相统一，认为认同是受教育者出于自身利益满足的考虑，接纳认可思想政治教育的内容与形式，并自觉以此来约束和规范自己的行为，使自身思想与社会主流意识形态趋同。“要义论”并未给思想政治教育认同以明确的定义，但从特点、要求、内容等角度对认同进行了阐释，认为“认同是思想政治教育工作的根本要义”①，主要解决思想政治教育有效性问题，“本质上是一种政治认同、国家认同、价值认同与文化认同”②。实际上，随着学界对高校思政课关键课程地位的深入研究，已经出现了第四种观点，即“目标论”。中国人民大学陈锡敏(2013)认为，“认同是反映人们面对现实与教育、经过思考后所表现出来的态度，是思想政治教育需要首先达到的目标”③；华南理工大学张锅红(2019)认为“它是思想政治教育活动的目的和终极价值，是评价思想政治教育效果最直接的依据”④。综上可知，国内学界对于思想政治教育认同的概念尚未达成共识，从内涵来看，当前的四种论断分别源自心理学、教育学、传播学、社会学，缺乏基于独特性的马克思主义理论学科特点的科学界定。

第三，关于思想政治教育认同要素的研究。学界根据思想政治教育认同的类别、层次等不同，从不同视角进行研究，形成了内容认同核心论、教师认同关键论、方法认同提升论、目标归因论等结构要素的基本观点。我们暂且对学者们的观点进行摆列，然后进行综合判断。沈壮海(2008)在围绕有效性对思想政治教育育人效果进行深入系统的研究时认为，其包括“对教育者情感上的接近、尊重、信任，对教育内容及其所表达的思想政治教育目的的

---

① 张婧，吴先伍. 博弈论视野下思想政治教育认同的生成逻辑[J]. 思想教育研究，2019(11)：36-41.

② 奚彦辉，李庆华. 思想政治教育“认同”概念的理论探讨[J]. 学术论坛，2015，38(4)：154-159.

③ 陈锡敏. 认同：思想政治教育学的新范畴[J]. 教学与研究，2013(9)：106-112.

④ 张锅红. 自媒体时代大学生对思想政治教育的认同研究[J]. 中国高等教育，2019(1)：42-44.

认同、接纳与强烈的追求、实践欲望”①。这里呈现了教育者、教育内容、教育目的三个要素，实际上如果通读沈壮海教授此部专著，会发现他强调的还有教学方式方法。王永和(2013)研究认为，影响大学生思政课育人效果的因素主要有课程内容、教学对象、社会环境、教师状况四大要素，而教师是提高思政课教学效果最主要、最关键的可控因素②。李国珍(2014)从大学生基本情况、选课方式、教师素质和教学方式、课程本身四个维度进行了研究③。周海银(2015)认为高校课程满意度主要包括“课程目标、课程体系与内容、课程实施、课程资源、课程评价等方面”④。张锅红(2019)认为思想教育认同存在主体认同、内容认同、载体方式认同、作用结果认同等四个相互关联的逻辑内容，其中主体认同是前提和基础，内容认同是重点和核心，载体方式认同是中介环节，作用结果认同是归宿⑤。张婧与吴先伍(2019)认为思政教育认同存在方法认同、价值认同、内容认同三个方面的内容⑥。林华开和龙静云(2020)在界定思想政治教育认同概念时认为其在结构上包括认同的主体(大学生)、客体(课程内容)、介体(课堂教学)和环体⑦。由于大学生思想政治教育教学内容的广泛性和研究视角不同，学界对大学生思政课认同要素的认识呈现出多样化的特点，难以达成共识。同时，我们经过上面的梳理可以发现，学界在某些方面也取得了初步的共识，如对教育内容、教育方法的

① 沈壮海. 思想政治教育有效性研究[M]. 武汉：武汉大学出版社，2008.

② 王永和. 围绕“认知、认可、认同”构建思想政治理论课课堂教学方法体系[J]. 思想理论教育导刊，2013(10)：79-81.

③ 李国珍. 大学课程学习的满意度研究：以武汉市高校2500名高校大学生的调查为例[J]. 高等教育研究学报，2014，37(1)：51-55.

④ 周海银. 普通高校课程建设的向度：基于山东省普通高校毕业生课程满意度的调查[J]. 教育研究，2015，36(10)：37-46.

⑤ 张锅红. 自媒体时代大学生对思想政治教育的认同研究[J]. 中国高等教育，2019(1)：42-44.

⑥ 张婧，吴先伍. 博弈论视野下思想政治教育认同的生成逻辑[J]. 思想教育研究，2019(11)：36-41.

⑦ 林华开，龙静云. 思想政治教育认同的概念界定和把握[J]. 思想教育研究，2020(5)：23-27.

一致确信，对基本处于平分秋色状态的教师和教育目的的确信。这些宝贵成果为本研究增添了研究价值和可能性，也为本研究奠定了基础。

第四，关于思想政治教育认同对策的相关研究。学界主要从两个视角推进对认同对策的研究，一个视角是基于认同内部构成要素，相关研究与之紧密对应，探寻对策，提出改革措施，可以称其为要素对应论；另一个视角是基于对受教育者这一认同主体的充分尊重，紧紧围绕以学生主体为出发点和归宿点的对策，可以称其为理念原则论。持要素对应论观点的学者王易、朱小娟(2013)从思想政治教育认同在学科、内容、方法方面面临的困境出发，提出要促成思想政治教育的学科认同、内容认同和方法认同，以实现和加强思想政治教育认同①。学者何海涛、刘宇(2019)通过对"坐后排"现象进行研究认为，发挥教师主导作用、创新发展课程内容、改进课程教学方式、统筹完善教学管理工作、增强学生学习主动性和自觉性、调动教和学两方面积极性，是基本对策②。学者倪培强、李晓曼(2019)研究认为，可以依靠理论的穿透力、感召力、解惑力教育学生，依靠教师的创造力感召学生，依靠教学方式的吸引力感染学生，把教学内容、教学方式方法、教师能力作为着力点，使思政课成为学生真心喜爱、终身受益、毕生难忘的课程③。还有学者董金明、陈梦庭(2019)研究认为，马克思主义基础理论的学习，教学内容和辅助材料研究体系的建立，多样化、多层次的思政课教学模式，具有扎实理论基础与较强教学能力的教师队伍，整体育人环境建设的统一指导，是加强和改进高校思政课建设的对策④。持理念原则论观点的学者陈锡敏(2013)研究认

---

① 王易，朱小娟. 思想政治教育认同初探[J]. 思想理论教育导刊，2013(5)：97-103.

② 何海涛，刘宇. 思政课大学生"坐后排"现象的调查分析[J]. 学校党建与思想教育，2019(20)：41-43.

③ 倪培强，李晓曼. 增强思想政治理论课实效性的五个着力点[J]. 思想理论教育导刊，2019(7)：94-96.

④ 董金明，陈梦庭. 新时代立德树人视角下高校思政课教学的难题与对策[J]. 中国高等教育，2019(6)：34-36.

为，教育者通过了解受教育者的内在需求，将课程教学内容和社会的严格要求逐渐分层分解，用作为知识吸收者的大学生喜欢的教学方式和教学话语开展教育教学活动，有针对性地进行讲解、传播，并与大学生所关心关注的利益诉求紧密结合，便能从情感和心理上深刻地打动大学生，引发他们对课程学习的兴趣，进而找到共同的契合点，最终使大学生认同思政课教师及其所教授的内容[①]。也有学者廖阔、李国华(2015)认为应当树立“需求者本位”的教学理念，创新教学方法、改革教学内容，按照差异原则因材施教[②]；还有学者吴智文(2015)研究认为，人本价值是高校思政课意义追求的指向。转换认同理念，实现教学从课程本位向人本本位的转换，是提升认同度的重要方式方法；中华优秀传统文化中蕴含的优秀教育理念，同样蕴含在思政课实践教学中，总结提炼这些优秀的教育理念是提升认同度的重要方式方法；在挖掘、提炼、继承优秀教育理念的同时，要时刻保持超越性，即超越对课程教学实践活动简单层次的认知，围绕“成为其所是的魂”进行课程实践教学设计，是提升认同度的重要方式方法；这些方式方法可以从不同角度提升课程的内涵和价值，进而推动对其的认同感提升[③]，这就实现了继承性和超越性的统一。中国人民大学王易教授等(2019)在持要素对应论观点基础上继续研究，认为把握“教”与“学”的供需自洽，推进“供”与“需”的主客双重介入，发挥“得”与“感”的单体双重提升，是提升教育对象对思政教育期待值和认同感的基本路径[④]。学界研究虽然各有侧重，但从整体来看，为本研究提供了一个“纲”性深入的思路，即坚持以人民为中心理念，充分尊重受教育者的主体性，抓住关键要素，精准施策。

---

① 陈锡敏. 认同：思想政治教育学的新范畴[J]. 教学与研究，2013(9)：106-112.

② 廖阔，李国华. 高校思想政治理论课教学内在张力及消解策略研究：基于接受美学的视阈[J]. 广西社会科学，2015(7)：213-215.

③ 吴智文. 图式转换：高校思想政治理论课认同提升的现代考察[J]. 教育评论，2015(11)：137-140.

④ 王易，茹奕蓓. 论思想政治教育获得感及其提升[J]. 思想理论教育导刊，2019(3)：107-112.

第五，关于思想政治教育认同机制机理的研究。学者们在这一专题方向上的研究，集中呈现出逻辑发展三阶段论和利益需要生发论两大类观点。认知认同、情感认同、行为认同的循环反复、相互激荡是逻辑发展三阶段论的主要观点。这三个基本认同状态构成了思政教育认同的流变环节。魏永强和郑大俊(2014)认为在情感认同和行为认同之间还存在价值认同环节，四环节的生发与流变遵循着逐级递进的认同逻辑发展顺序①。童曼、吴远(2014)在其研究论文中阐述了需要、认知、情感体验三要素是如何对接受与认同产生深刻影响的②。学者陈萌、于滢、侯永朝(2022)在研究社会主义核心价值观时也认为，认同是人们在充分认知的基础上产生的接受、认可、喜欢等正向情感，其发生发展包含三个阶段，即认知、情感、行为③。利益需要生发论认为认同源于认同主体的利益需要，是认同产生与发展的逻辑前提。魏永强和郑大俊(2014)在研究思想政治教育活动时认为，认同主体的社会化认知、诉求等构成了认同生成的前提、动力、尺度④。学者刘新全(2016)认为主体需要驱动机制是主导性机制，其他机制是此机制的延伸和补充⑤。学者杨雅涵(2018)认为需求满足是先导条件，目标设定是关键因素，动机转化是核心环节，环境因素是重要条件。激活受教育者的主体性，使其生成积极健康向上的思想动机，是提高教育有效性的关键，这一关键的前提是受教育者主体诉求的满足⑥。从上述研究可见，学界对思想政治教育认同机理的认

① 魏永强，郑大俊. 思想政治教育认同的心理结构及其生成机制[J]. 学校党建与思想教育，2014(5)：16-18，21.

② 童曼，吴远. 大学生接受思想政治理论课的心理机制研究[J]. 河海大学学报(哲学社会科学版)，2014，16(1)：30-32，90.

③ 陈萌，于滢，侯永朝. 大数据视域下大学生社会主义核心价值观认同教育探析[J]. 思想教育研究，2022(3)：153-158.

④ 同①.

⑤ 刘新全. 论当代青年学生思想政治教育接受的内在发生机制[J]. 思想政治教育研究，2016，32(1)：100-104.

⑥ 杨雅涵. 学生接受思想政治教育内在动力探析[J]. 教学与管理，2018(27)：68-70.

识尚未形成清晰的脉络，尚未使认同机制建立在科学机理基础上，机制与对策研究仍有较大提升空间。

综上所述，认同在思想政治教育中彰显的地位，充分证明了本研究的必要性。思想政治教育认同研究中存在的不确定的与有争议的问题，为本研究提供了研究空间。思政课是思想政治教育的主渠道，研究大学生思政课认同，不仅能抓住思想政治教育认同理论的核心问题和关键，推动思想政治教育认同理论深入发展，而且有利于科学提高高校思政课教学实效性，这就形成了本研究的重要价值和意义。学界对认同结构要素的准确理解与多维论述，成为本研究得以深化的起点和基础，同时认同结构要素的多样化研究结论也对进一步探寻认同的基本结构提出了必然要求。新时代大学生思政课认同研究既是认同理论在思想政治教育中发展的需要，也是思想政治教育认同理论发展的需要，更是新时代大学生思政课高质量发展的客观要求。

(2)对新时代大学生思政课认同情况的相关研究

学生是学习的能动主体，其对课程的认同是课程教学取得实效的前提和关键。学生“学不学”“学多少”“学的效果怎样”都可以从课程认同情况来考察。学者们从不同角度对大学生思政课认同情况进行实证研究，形成了两种结论。

第一，整体性提升。整体性提升是指大学生对思政课教学效果、价值认知等评价态度的群体性认同样态和思政课各维度呈现出的历时性普遍提升的认同形态。沈壮海教授领衔的课题组对高校思政课建设状况进行了滚动调查，其调查中虽然未明确提出“大学生思政课认同”的概念，但其调查的教学内容、教学方法、师资水平等正是大学生思政课认同的基本观测点。2014 年至 2018 年的调查数据对比显示，思政课教学效果不断提升，大学生对思政课育德积极作用的认同从 45.5%上升到 72.7%，教学内容的好评率从 52.2%上升到 77.7%，教学方法的好评率从低于 50%上升到 78.9%，师资水平的好评率达到了 83.8%。同时，课题组通过结构方程模型得出当前思政课教学改革的重点是教学内容和方法[①]。综观 2017 年高校思政课教学质量年 15 位专家的听课总结，也可以发现其中存在大学生思政课认同度不断提升的共同观点，同时总结中还阐明仍然存在尚未有效提出受教育者关心的问题之不足与课堂案例分析的理论阐释不足等问题。朱苇苇、王峰、黄志斌(2019)经过问卷调研统计分析，也得出“大学生对思想政治理论课认同度较高，其中价值认同最高，情感认同最低”[②]的结论。

第二，差异化认同。差异化认同是指由于认同主体是具有主观能动性的人，具有不同的特点，其认同会呈现出差异性特征。差异说是学界关于认同问题的基本观点。中国社会科学院贾英健(2007)提出差异是认同的前提[③]，中国人民大学刘建军(2000)提出差异性教育成功经验论[④]，差异化认同是学界普遍认同的观点。学者们共同的研究结论为本研究的调研设计提供了理论依据。实际上，已经有很多学者据此对大学生思政课各维度开展了实证研究，也为本研究提供了借鉴和参考。学者刘晓亮、沈壮海(2019)研究认为，大学生思政课育人效果“因大学生学科专业、学历层次、年龄阶段和地域省份的不同而呈现出比较显著的差异”[⑤]；学者朱苇苇、王峰、黄志斌(2019)进行实证研究发现，“大学生思想政治理论课认同存在显著的年级、专业、班级干部、家庭地域差异”[⑥]。

综上所述，学界通过对大学生思政课认同情况进行实证研究，既发现了认同度不断提升的发展趋势，也从不同视角发现了认同存在的特点和问题。

---

① 刘晓亮，沈壮海. 关键课程发挥关键作用：基于 2014—2018 年高校思想政治理论课建设调查数据的分析[J]. 中国高等教育，2019(9)：27-30.

② 朱苇苇，王峰，黄志斌. 重要他人理论视角下大学生思想政治理论课认同的影响因素及提升对策研究[J]. 思想教育研究，2019(10)：113-117.

③ 贾英健. 经济全球化进程中价值认同的多重方式[J]. 中共济南市委党校学报，2007(3)：27-32.

④ 刘建军. 接受理论对思想政治教育的启示[J]. 教学与研究，2000(2)：70-74.

⑤ 同①.

⑥ 同②.

(3) 对新时代大学生思政课获得感的相关研究

全面了解学界关于大学生思政课获得感的研究现状，需要首先了解“获得感”这一核心概念的提出过程和基本背景。2015 年 2 月 27 日，在中央全面深化改革领导小组第十次会议上，习近平总书记强调，要在推进各项改革任务中充分展示改革方案的含金量，让人民群众在全面深化改革中有更多获得感。这为社会主义各项事业发展指明了方向，提出了“获得感”这一新标准、新要求。“大学生思政课获得感”概念，源于《2017 年高校思想政治理论课教学质量年专项工作总体方案》中的“打一场提高高校思政课质量和水平的攻坚战，切实增强大学生对思政课的获得感”。自此，大学生思政课获得感成为学界研究的热点，并取得了丰富的研究成果。

第一，关于思政课获得感的内涵研究。“获得感是民众在社会改革发展中对其需求满足过程和结果的主观认知、情感体验和行为经验的综合反应。”①获得感始终把人民群众的根本利益作为最终价值指向，体现人民群众根本利益的“类特性”追求，是对思政课内容的认知和评价，始终强调人的主体性，能够促使人类由自由自主自愿走向自觉自为②。学者陈灿芬(2018)认为大学生思政课获得感包括树立共产主义理想信念、坚定“四个自信”、满足学生成长发展需求三个方面内容③。学者周丽君(2023)认为大学生思政课获得感是指“大学生通过思政课教学获得的知识、方法、责任意识等方面的综合感受，包括知识获取、方法掌握和责任确立三个主要层次”④。学者黄铭和温惠淇(2018)认为思政课获得感表现为“主体对‘社会适应需求’的满足和对自身‘个体发展需求’的满足”，“增强学生获得感要着力于回应学生了解社

---

① 谭旭运，董洪杰，张跃，等. 获得感的概念内涵、结构及其对生活满意度的影响[J]. 社会学研究，2020，35(5)：195-217，246.

② 赵建超. “思政课获得感”的哲学意蕴[J]. 思想政治教育研究，2018，34(1)：93-97.

③ 陈灿芬. 聚焦大学生思政课获得感内容及途径的探析[J]. 江苏高教，2018(3)：82-85.

④ 周丽君. 内涵、价值、路径：刍议大学生思政课获得感的提升[J]. 教育理论与实践，2023，43(3)：28-32.

会热点的期待，并帮助学生解决个人成长中的重要问题”，“回应热期待”与“赋予正能量”是着力点，同时要营造适宜的课堂氛围，使学生产生主体活跃的感受[①]。学者姚迎春、杨业华（2018）研究认为，思政课获得感是“通过单独的或系统的思想政治理论课的学与教，取得知识论层面的、价值观层面的和方法论层面的实际增益和主观受益的统称”，包括认知层面、情感层面和行为层面的获得感，即认知、情感、行为是思政课获得感的基本构成要素[②]。魏晓波（2020）认为思想政治教育认知是思政课认同的逻辑起点，思政课获得感的形成过程离不开认同，思政课认同是思政课获得感形成的主要标志，这个认同过程主要由认知认同、情感认同、行为认同构成。新时代大学生思政课认同的形成，标志着大学生在课程教学中的“客观获得”契合了自身的需要与心理预期，并由此产生获得感。他认为思政课获得感缺失的主要原因在于对大学生主体性的疏离，使课程认同成为“离身认知”状态下的认同，呈现出隐身性、情境缺失、体验缺失、互动性弱化等不足，而“具身认知”状态下的认同是形成思政课获得感的有效路径[③]。可见，“大学生思政课获得感”是指大学生基于自身成长成才的社会化需要和现实可能性对思政课教学内容和价值作出的理性评价。学界主要形成了“理性需求满足论”的观点，虽然使用了“需求满足”“‘类特性’追求”“发展需求”“期待”“赋予”“增益”“受益”等不同概念进行表述，但是都指向大学生主体的基本诉求。这不仅坚定了本研究的理论方向，而且为调查问卷具体题项（课程内容认同）的编制提供了参考依据。学界形成了认知、情感、行为是构成思政课认同基本要素的主要观点。这一观点为本研究深入探寻大学生思政课认同机制机理提供了观点参

---

① 黄铭，温惠淇. 思政课增强学生获得感的着力点、支撑点和活跃点[J]. 中国高等教育，2018(8)：31-32.

② 姚迎春，杨业华. 论思想政治理论课获得感的内涵[J]. 湖北社会科学，2018(4)：183-187.

③ 魏晓波. 从“离身认知”到“具身认知”：考量思政课获得感生成的新视角[J]. 教育理论与实践，2020，40(27)：34-36.

考。思政课认同与思政课获得感之间存在着相互促进、相互影响的辩证统一关系，这种关系的确立，为本研究将学生的学习收获作为课程认同重要检测点提供了理论依据。学界对思政课获得感地位与作用的研究，也形成了一致的结论，即“课程评价指标论”（檀传宝 2021①，王晨 2019②，李红军 2021③），为本研究提供了价值自信，也成为新时代大学生思政课认同形成的重要考量依据。

第二，关于提升思政课获得感的着力点研究。学界在提升思政课获得感的着力点方面取得了比较丰富的研究成果，形成了部分相同的观点，但也从不同视角提出了建设性的对策建议。把教学理念、教学内容、教学方法、教师素质作为提升思政课获得感的基本着力点的观点得到学界许多研究者的认同（周丽君 2023④，李红军 2021⑤，王自芳 2021⑥，吕小亮、闫燕 2020⑦）；学者檀传宝等（2021）⑧和李红军（2021）⑨还提出增设有效的反馈交流环节，及时反馈教学效果，也是提升思政课获得感的主要方式；檀传宝等还建议从“支持提升”“制度完善”“兴趣激发”三方面出发，充分利用一切现有资源，营造良好的氛围，提升学生认同度；在思政课课堂教学中，师生互动、深度

① 檀传宝，吴越菲，郜思睿，等. 简单提倡社会实践是远远不够的：思政课社会实践教学模式对大学生获得感影响研究[J]. 清华大学教育研究，2021，42(1)：51-56，96.

② 王晨. 提升大学生思政课获得感的原则与路径[J]. 学校党建与思想教育，2019(19)：56-58.

③ 李红军. 提升新时代大学生思政课获得感的策略研究[J]. 学校党建与思想教育，2021(22)：55-57.

④ 周丽君. 内涵、价值、路径：刍议大学生思政课获得感的提升[J]. 教育理论与实践，2023，43(3)：28-32.

⑤ 同③.

⑥ 王自芳. 大学生思政课获得感的提升路径探究[J]. 学校党建与思想教育，2021(24)：54-56.

⑦ 吕小亮，闫燕. 大学生思政课学习获得感的影响因素分析[J]. 学校党建与思想教育，2020(20)：37-39.

⑧ 同①.

⑨ 同③.

对话也是学界提出的提升思政课获得感的重要突破口（王自芳 2021[①]，秦在东、任永霞 2019[②]）。学者魏晓波（2022）还把“身体回归”（即主体体验）、物质文化环境建设作为提升思政课获得感，生成思政课认同的重要着力点[③]；曹月柱和江慧英（2021）认为思政课获得感主要体现在知识获得（立足点）、情感获得（着力点）和行为获得（落脚点）三个层面，并将这三者作为提升获得感的基本点[④]。秦在东和任永霞（2019）提出要把握好生发点、活跃点、兴趣点、潜在点等四大着力点；学者陈灿芬（2018）认为聚焦大学生思政课获得感应该把教师队伍建设作为着力点，把教材建设作为突破口，把教学方法改革作为切入点[⑤]。可见，大学生思政课获得感提升的着力点，主要集中在服从服务于大学生主体的教学内容、教学方法、教师素质、教学理念、教学效果反馈等基本维度。获得感是大学生对思政课最直接的认知与评价，能够充分反映出学生对思政课最直接的关注点，这为新时代大学生思政课认同的维度设计提供了观点借鉴。学界对诸多着力点的深入研究分析，对获得感生成机制的探索，都为本研究的深入提供了学理支撑。其中“有效反馈教学效果”的观点，为新时代大学生思政课认同机制机理的系统研究提供了新思路。

第三，关于思政课获得感的影响因素研究。学者吕小亮和闫燕（2020）通过回归分析发现，教学内容与方法、教学组织与实施、教学互动形式与频率、学生学习成效评价等要素对思政课获得感存在显著正向影响[⑥]。学者阎国华

---

① 王自芳. 大学生思政课获得感的提升路径探究[J]. 学校党建与思想教育，2021(24)：54-56.

② 秦在东，任永霞. 论大学生思政课获得感的着力点[J]. 学校党建与思想教育，2019(16)：31-32.

③ 魏晓波. 从“离身认知”到“具身认知”：考量思政课获得感生成的新视角[J]. 教育理论与实践，2020，40(27)：34-36.

④ 曹月柱，江慧英. 提升大学生思政课获得感的实践探索[J]. 学校党建与思想教育，2021(16)：63-65.

⑤ 陈灿芬. 聚焦大学生思政课获得感内容及途径的探析[J]. 江苏高教，2018(3)：82-85.

⑥ 吕小亮，闫燕. 大学生思政课学习获得感增强的影响因素分析[J]. 学校党建与思想教育，2020(20)：37-39.

等(2022)从师生协同共生关系出发，认为学生内驱力激发不足、教师外驱力保障不足、师生协同力建构不足是大学生思政课获得感提升的主要障碍，并基于此提出了师生互促论的解决之道[①]。檀传宝等(2021)在研究思政课社会实践教学模式对大学生获得感的影响中，发现支持程度和参与程度是影响学生获得感的重要因素[②]；章秀英和戴春林(2020)认为教学内容(生成基础)、教学方式(生成保障)、教师信仰(生成关键)、学生主体性激发(生成前提)是影响思政课获得感的课堂教学因素[③]。

综上所述，大学生思政课获得感是大学生与课程本身之间点对点的价值关系，呈现一维性的特征。从思政课自身价值来看，大学生思政课获得感主要着眼于满足大学生自身理性诉求的知识、价值、能力的内化，尚未站在国家和社会需求的视角，具有育人的单一性；虽然有的学者从多维度出发，提出了大学生思政课获得感的着力点，但并未将系统化体系化的思维进行展开，局限在学生认知、情感、行为体验的综合反应层面，尚未提升到信念信仰的高层面；对学生主体思政课学习自觉性的关注不够，很难提升学生学习思政课的内驱力，这就为本研究提供了可以深入拓展的空间。毋庸置疑，学界关于大学生思政课获得感研究的诸多观点和结论为本研究提供了丰富的观点借鉴，也极大地拓展了本研究的思路和视角。

1.2.2 国外相关研究情况

国外实施的是隐性思想政治教育，尚未在学校课程设置中安排专门的思政类课程，因此，没有直接关于高校思想政治理论课程认同的专门研究；但

---

① 阎国华，闫晨. 高校思政课获得感的师生互促视角探究[J]. 思想理论教育导刊，2022(6)：98-104.

② 檀传宝，吴越菲，郜思睿，等. 简单提倡社会实践是远远不够的：思政课社会实践教学模式对大学生获得感影响研究[J]. 清华大学教育研究，2021，42(1)：51-56，96.

③ 章秀英，戴春林. 课堂教学对大学生思政课获得感的影响分析[J]. 黑龙江高教研究，2020(12)：111-117.

关于认同理论的相关研究在各个学科领域都已普遍存在。

认同理论广泛应用于各个学科领域。用认同理论研究社会问题的学者也比较多，比较权威的埃里克森(1950)认为“认同不仅是个体对群体的认同，也有群体对群体的认同”，形成了对认同主体的不同观点①；哈贝马斯(1988)用认同理论来解释合法化危机问题②。马克思·韦伯(1997)将认同理论应用于政治认同的研究，认为政治纽带是“最笃诚的认同情感”③产生的重要原因；安东尼·吉登斯(2011)用认同理论研究现代性问题④；塞缪尔·亨廷顿(2002)将认同理论应用于文化认同的研究，认为任何认同行为只能通过关系的关联来界定⑤，得到国际学界的广泛关注。认同理论在各个学科领域取得的成就，坚定了本研究的信心，也成为新时代高校思政课建设研究新的切入点。

课程认同要素研究成果丰富。国外关于认同理论在课程认同中的应用的研究一直处于“零星散落”的状态，主要存在于对学生课程观的研究中，虽然未明确使用“课程认同”这一术语，但关于“课程教师”“教学方法”“课程目标”“课程内容”等的研究都属于对课程认同要素研究的范畴。现代学习理论认为，学生的课程观是指学生对课程的基本看法，直接影响其自身对学习方式方法的选择和学习行为与动机，从而影响其课程的最终学习效果⑥。20 世纪 60 年代末，课程专家古德莱德(1960)首次提出，教师和学生是课程决定

① ERIKSON E H. Childhood and society[M]. New York: W. W. Norton & Company, 1950.

② HABERMAS J. Legitimation crisis[M]. Cambridge: Polity Press, 1988.

③ 马克斯·韦伯. 经济与社会 上[M]. 林荣远，译. 北京：商务印书馆，1997.

④ 安东尼·吉登斯. 现代性的后果[M]. 田禾，译. 南京：译林出版社，2011.

⑤ 塞缪尔·亨廷顿. 文明的冲突与世界秩序的重建[M]. 周琪，刘绯，张立平，等译. 北京：新华出版社，2002.

⑥ LUCAS U, MEYER J H F. “Towards a mapping of the student world”: the identification of variation in students' conceptions of, and motivations to learn, introductory accounting [J]. The British Accounting Review, 2005, 37(2): 177-204.

的重要层级[①]。一些学者开始强调学生在课程决策中的地位[②]。20 世纪 70 年代末，古德莱德又提出“经验的课程”是教育价值理念落实的最根本之处，认为学生与教师对课程的观点存在差异，甚至存在很大的差异，对学生课程认同情况的了解是决定课程成效的关键。课程共同要素是课程观研究的逻辑起点。泰勒(2009)的课程组织、课程活动、课程目标、课程评价四要素说具有相对广泛的认同度[③]。施瓦布(1982)发展了泰勒的研究，增加了“教师”这个要素[④]。西方学者通过教育民族志、人种志中的史料，研究不同文化背景的学生对课程的看法，发现学生对课程的认同与社会文化背景相关，也与学生自身的学习行为和经验相关，“更多地集中于课程的目标是否与个体发展、学科精熟相连，课程的内容是否有趣或是否与生活经验、未来相关，课程的教学方法是否有趣多样、是否是单一知识传递、是否具有激发性，课程的评价是否导致挫败感或强迫症，课程的实施者(教师)与学生的关系和给学生留下的印象，课程的整体定位如何等几个方面”[⑤]。奥斯本和柯林斯(2001)运用群体访谈的方法对学生对科学课程的看法进行研究，研究结论呈现出学生从课程内容、授课方式、课程评价、教师四维度表达对课程看法的特征[⑥]。里德和彼托霍兹(2002)运用现象描述分析方法对大学一至三年级学生对统计课的看法进行研究，结果认为，学生认识课程存在课程的技术取向、实用取

---

① GOODLAD J I. Curriculum: the state of the field [J]. Review of Educational Research, 1960, 30(3): 185-198.

② SCHWAB J J. The Practical: a language for curriculum[J]. The School Review, 1969, 78(1): 1-23.

③ 拉尔夫·泰勒.课程与教学的基本原理[M].施良方，译.北京：人民教育出版社，2009.

④ SCHWAB J J. Science, curriculum and liberal education (selected essays) [M]. Chicago: The University of Chicago Press, 1982.

⑤ 吴扬.中国大学生思想政治理论课程观研究[M].北京：中国社会科学出版社，2016.

⑥ OSBORNE J, COLINS S. Pupils' views of the role and value of the science curriculum: a focus-group study[J]. International Journal of Science Education, 2001, 23(5): 441-467.

向、意义取向三维度说[①]。莱昂斯(2006)通过对比描述的方法研究学生对科学课程的看法，认为教学方法单一使学生认为科学内容权威不可变，课程内容的外在价值与学生自身生活学习经验存在无关联性特征，这种心理冲突致使学生产生内容缺乏吸引力的思想倾向，学习的挫败感、与个体经验无关、科学术语的权威神秘性使学生认为科学课程学习是困难的[②]。特拉等(2011)提出课程目标、施教内容、施教方式、最终评价和整体看法等五要素说[③]。国外关于课程要素的研究与国内学者的研究成果相互印证，共同为大学生思政课认同操作定义的确定提供了理论参考，也为认同指标的设计提供了理论借鉴。

1.2.3　研究述评

综观国内外相关研究，学界对新时代大学生思政课认同的相关研究虽然成果颇丰，积累了宝贵的经验，但仍存在可以深入拓展的空间。

对学界相关研究取得的成就，可从意义认识的深刻性、研究视野的广泛性、方法提升的科学性来评价。

第一，对认同之于高校思政课建设的重要意义的认识更加深刻，对新时代高校思政课建设重大意义的认识更加深刻。这两个深刻认识的形成，巩固了本研究深入推进的思想基础，坚定了研究信心。同时，对思想政治教育认同内涵、地位、要素、机理、对策等的相关研究，虽未全部达成共识，且零星出现，但无疑对后续的深入研究具有重要参考价值。

---

① REID A, PETOCZ P. Students' conceptions of statistics: a phenomenographic study[J]. Journal of Statistics Education, 2002, 10(2): 1-18.

② LYONS T. Different countries, same science classes: students' experiences of school science in their own words[J]. International Journal of Science Education, 2006, 28(6): 591-613.

③ TELLA J, INDOSH F C, OTHUON L. Students' perspectives on the secondary school English curriculum in Kenya: some related implications[J]. Educational Research, 2011, 2(1): 147-166.

第二，丰富的研究视角拓宽了研究空间。无论是从宏观、中观还是微观角度，也无论是从课程视角、教学视角还是学生视角、教师视角，这些研究都将新时代大学生思政课建设研究如火如荼的现状予以呈现。这将高校思政课建设研究引向宏阔视野的同时也引向深入分析，为准确判定研究对象和研究问题可拓展的学术空间提供了有益参考。

第三，不断丰富的研究方法从整体上提高了研究成果的科学性。无论是历史性研究还是实证性研究，抑或对比研究、质性研究，都得出了新的观点和结论，为本研究合理选取研究方法、整体把握研究现状提供了支撑。

在充分肯定学界取得丰富研究成果的同时，我们也发现当前研究存在不足，对新时代大学生思政课的认同研究仍有较大的拓展空间。

第一，在基本概念上，大学生思政课认同的概念有待进一步明晰。概念是学术研究的起点。纵观学界研究现状，已有相关研究或是站在大学生视角审视课程内容等单一要素，或是站在国家和社会视角审视课程建设，或是站在教育者角度看待思政课教学，虽然取得了相关或相近的可供借鉴的研究成果，但尚未明确“大学生思政课认同”这一概念，缺少对其内涵和外延的具有结论性的准确阐释。因此，对新时代大学生思政课认同的概念与内涵的清晰界定应该成为本研究的基本问题。

第二，在研究视角上，现有研究多从供给侧切入，着眼于国家与社会的宏观视角，着眼于学校与教师的中观视角，但从接受视角着眼于受教育者对课程认同的研究较少。如上所述，以人为本，以学生为中心，是中国高等教育的基本价值取向，也是教育高质量发展的重要切入点和落脚点。因此，我们必须更多地站在受教育者的视角，研究如何加强和改进高校思政课建设。

第三，在研究深度上，缺少对大学生思政课认同机理的研究，导致机制与对策研究受到束缚，降低了针对性和科学性。机理决定有效机制的建构，决定科学对策的提出，有效的机制和对策需要建立在对机理科学研究的基础之上。同时，学界对认同要素专项研究“百花齐放”的同时，也呈现出对思政课整体性认同研究的失落状态。局部研究固然重要，但整体研究是探寻事物发展规律的基本方法。这两点都为本研究提供了很好的拓展思路。

基于上述研究经验、学界研究的成果和研究存在的问题，本研究将研究视角定为受教育者视角，用认同理论研究如何提高高校思政课教学的实效性，最终将研究主题确定为新时代大学生思政课认同。

1.3　本书主要研究思路

1.3.1　研究思路

鉴于学界对新时代大学生思政课认同的研究有待深入的事实，本研究力图从系统化的角度，对新时代大学生思政课认同进行较为全面的研究。以相关概念为研究的切入点，以“新时代大学生思政课认同”这一核心概念的辨析和界定为前提，通过访谈调研和问卷调研方法，取得新时代大学生思政课认同情况的第一手资料，找准存在的问题及其原因和影响因素。然后，遵循从理论到实践、从实践再到理论的思路，定量研究与定性研究相结合，在揭示新时代大学生思政课认同机制机理、构建认同系统模型的基础上，总结提升新时代大学生思政课认同的对策与建议，见图 1.1。

1.3.2　研究方法

本研究属于应用性研究，在研究的过程中采用了文献研究法、社会调查和统计分析的方法、逻辑与历史相统一的研究方法、理论联系实际的研究方法、经验研究法和扎根理论等。其中，文献研究法、社会调查与统计分析方法、逻辑与历史相统一的方法是主要方法。

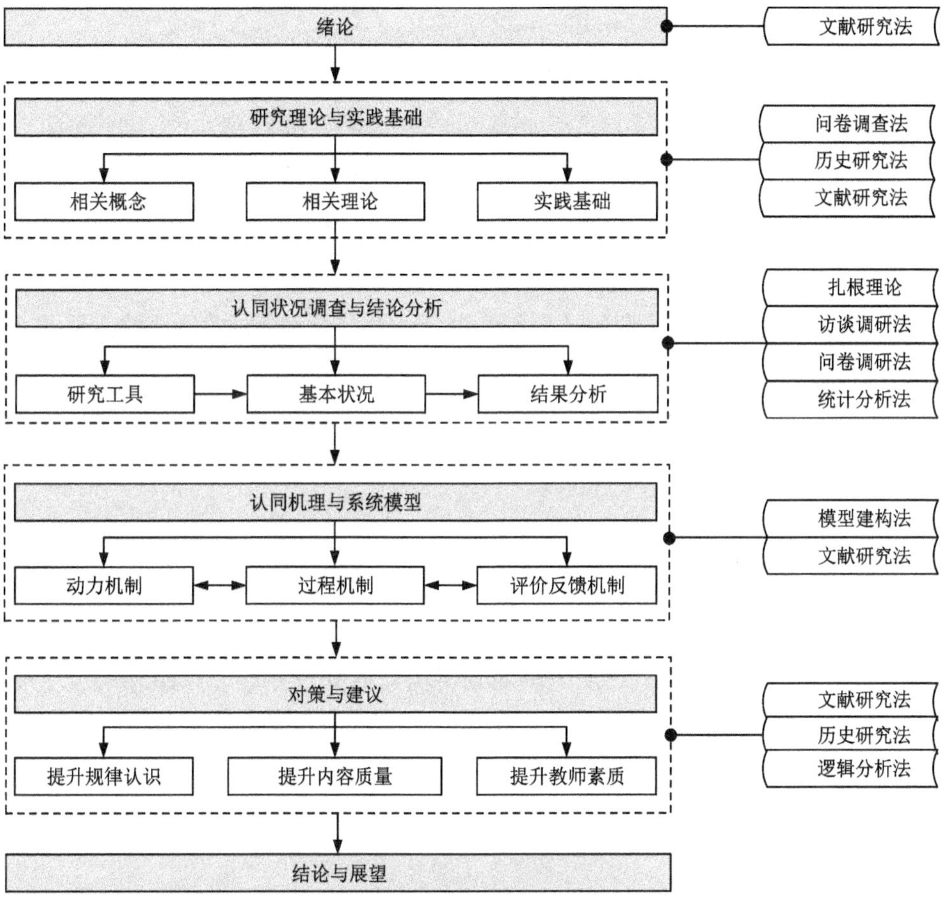

图 1.1　研究思路与框架图

(1) 文献研究法

充分搜集、总结、爬梳学界已有研究文献和成果，对新时代大学生思政课认同进行分析和探讨。搜集、研读党的十八大以来党和国家出台的关于高校思政课建设的相关政策文件，是准确了解高校思政课建设与改革的基础；精心爬梳习近平关于思政课系列重要讲话文本，是准确了解新时代大学生思政课建设指导思想的基础；广泛研读学界关于高校思政课建设、大学生思政课认同的文献，是科学选题和深化研究的基础；有选择地研读马克思主义经典篇章、现代思想政治教育学相关原理、课程建设相关理论、现代教育教学相关理论，是提高研究学理性的基础。

(2)社会调查与统计分析方法

社会调查与统计分析方法是通过对研究对象开展问卷调查、组织访谈、个案研究等，对采集到的第一手信息借助专业软件进行分析、描述、演绎、对比，得出相关研究结论。本研究针对大学生思政课认同结构要素涉及的相关问题和课程内容体系研究设置调研提纲和问卷题项，利用里克特五级量表设计新时代大学生思政课认同量表，采用按比例分层抽样的方法，面向全国各类本科院校学生就思政课认同的现状、影响认同的要素等进行调研，取得第一手研究资料，并运用 SPSS26.0 软件对调研数据进行统计分析。

(3)逻辑与历史相统一的方法

对新时代大学生思政课认同进行研究，不仅需要做深入细致的历时性爬梳与总结，而且需要在历时性的总结中挖掘与阐明大学生思政课认同的普遍性特征，发现与探明大学生思政课认同的规律性，从而进行理论性的探索与提炼，从新时代大学生思政课建设的发展历程和成就出发，总结新时代大学生思政课建设的基本经验，揭示其发生发展的机理和规律。

第2章

新时代大学生思政课认同研究的理论与实践基础

新时代大学生思政课认同是一个理论问题，也是一个实践问题。厘清概念、确定立场观点方法和确立理论依据是研究的基本前提。习近平关于思政课建设重要论述是指导理论，思想政治教育学的“生命线”原理、“立德树人”原理、“疏导”方针、“灌输”原理是基础理论，社会认同理论与思想政治教育认同研究的前期成果是借鉴理论。系统回顾党的十八大以来大学生思政课建设历程，总结重大成就与丰富经验，将为本研究的深入打下坚实的实践基础。

2.1　相关概念

马克思主义认为，概念是思维的工具。范畴是“认识世界的过程中的梯阶，是帮助我们认识和掌握自然现象之网的网上纽结”[①]。二者都是人的认识实现飞跃的重要推动要素，有助于准确理解和把握世界。研究新时代大学生思政课认同须从“新时代大学生思政课”“认同”“认同度”“新时代大学生思政课认同”等概念入手，辨清概念异同，明确“新时代大学生思政课认同”的概念。明晰新时代大学生思政课认同的内涵和范畴，是研究大学生思政课认同的基本前提和基础，也是为研究做好理论铺垫。

2.1.1　新时代大学生思政课

新时代大学生思政课是指党的十八大以来，面对世情国情党情的深刻变化，由党和国家确定，面向大学生(本科生)开设的思想政治理论课。

党和国家对思想政治理论课做出了崭新的定位：“思想政治理论课是巩固马克思主义在高校意识形态领域指导地位，坚持社会主义办学方向的重要阵地，是全面贯彻落实党的教育方针，培养中国特色社会主义事业合格建设者和可靠接班人，落实立德树人根本任务的主干渠道，是进行社会主义核心

① 列宁. 哲学笔记[M]. 林利，等译. 北京：中共中央党校出版社，1990.

价值观教育、帮助大学生树立正确世界观人生观价值观的核心课程。”[①]新时代大学生思政课在外延上主要包括“思想道德与法治”“中国近现代史纲要”“毛泽东思想和中国特色社会主义理论体系概论”“马克思主义基本原理”四门大学生必修课，2022年又普遍增开了“习近平新时代中国特色社会主义思想概论”课，逐步形成了完整的新时代大学生思政课课程内容体系。

新时代大学生思政课的教学目标在于通过系统教学，帮助大学生获得马克思主义立场观点方法，使其把握好马克思主义同中国具体实际相结合所产生的毛泽东思想和中国特色社会主义理论体系两大成果，认识到中国近现代史就是中华民族救亡图存、奋力实现中华民族伟大复兴中国梦的发展史，认识到马克思主义和中国共产党是历史与人民的正确抉择，从而能将它们与人生实际相结合，在准社会化过程中提高自身思想道德素养和法治素养，将其作为实现以德治国和依法治国的助推器；帮助大学生在学好社会化所需理论知识的同时，注重对社会问题和现象的思考，培养独立思考、明辨是非的能力，锻炼敏锐的观察力、想象力和创新能力，全面提升社会化综合素质，为以后成为堪当民族复兴重任的时代新人打下坚实的基础。

2.1.2 认同与认同度

奥地利心理学家西格蒙德·弗洛伊德在《哀伤与忧郁》中首次提出了“认同”的概念，他以人的本能为维度肯定自我和群体，把认同看作是认同主体和认同客体内在感情趋向一致的心理过程。美国心理学家爱利克·埃里克森被认为是当代认同与认同危机理论的重要推广者与运用者，他从自我与他人的关系维度对认同进行界定，在他看来，认同就是认同主体对自我的识别和对他者的认同、接纳的内在自信感。法国著名社会学家涂尔干将社会群体共同意识维度作为新的研究视角进行理论剖析解读，得出结论，认为这一共同意识是主体在倾向客体同一性时生成的。在曼纽尔·卡斯特看来，认同的

---

① 教育部社会科学司. 普通高校思想政治理论课文献选编(1949—2006)[M]. 北京：中国人民大学出版社，2007.

产生是一个过程，只有当认同主体清楚地认识到认同客体的含义并将其内化时，才能产生认同，他将这一结论写在他的作品《认同的力量》里。英国社会学家安东尼·吉登斯则坚信，现代性不断发展是产生认同的真正原因，同时，他把这种"认同"称为社会建构性认同。因此，在他看来，认同是经由个人不断自我反思，进行反复的思想锤炼而塑造成型的。德国哲学家尤尔根·哈贝马斯在人际交往维度上对认同进行了定义，他坚信产生认同的原因，是民众在社会现实生活交往交流的普遍联系中，形成了"相互理解、共享知识、彼此信任、两相符合的主观际相互依存"①。不同领域的学者将认同理论纳入研究范畴，使认同的内涵得到深化和拓展，国外大多数学者是从各类心理学的视角对其进行概念界定。

新时代，认同研究在我国政治、文化领域得到了广泛的开展，同时也在逐步向思想政治教育领域拓展。詹小美、王仕民(2013)认为认同"指向心理认识上的一致性……强调的是认同的共性，即主体的承认、接受和皈依"②。邱伟光(2014)认为认同是"在口头服从的基础上，出自内心的一种价值认定，体现了主观价值选择能力和价值发展的趋向"③。薛焱(2016)认为认同是主客体为满足自身诉求"建立同一性关系的过程或状态"④。陈锡敏(2013)认为"认同是反映人们面对现实与教育、经过思考后所表现出来的态度，是思想政治教育需要首先达到的目标"⑤。王易和朱小娟(2013)将"思想政治教育认同"概念定义为"态度"和"过程"，即主体为满足自身社会化发展诉求，对思想政治教育本身持发自内心的认可与尊崇的态度，并能够以此为内驱力在社会生活实践中自觉地循规蹈矩，规约言行，达成言行思与其要求同向同行一致的过程⑥。也有学者认为在思政课教学中，认同是"对老师所

---

① 尤尔根·哈贝马斯. 交往与社会进化[M]. 张博树，译. 重庆：重庆出版社，2005.

② 詹小美，王仕民. 文化认同视域下的政治认同[J]. 中国社会科学，2013(9)：27-39.

③ 邱伟光. 培育大学生社会主义核心价值观认同机制探析[J]. 思想政治课研究，2014(1)：6-9.

④ 薛焱. 当代中国主流文化认同研究[M]. 北京：社会科学文献出版社，2016.

⑤ 陈锡敏. 认同：思想政治教育学的新范畴[J]. 教学与研究，2013(9)：106-112.

⑥ 王易，朱小娟. 思想政治教育认同初探[J]. 思想理论教育导刊，2013(5)：97-103.

讲的内容产生强烈的认同感，并内化为一种素质、信念，指导自己的行动”[①]。奚彦辉(2011)认为认同在思想政治教育领域“是个体对于社会主导意识形态所蕴含价值的接纳和认可”[②]。综合国内外学者的研究观点，本研究认为认同是一种源于思想认识的态度和评价，是认同主客体关系在思想上的呈现，这一关系状态是在人类对象性实践活动中生成的，就是主体在综合认识客体的基础上所形成的合理的价值选择与判断。

认同度是指接受的能力和程度。如前所述，认同既然是源于思想认识的态度和评价，就不只是存在认同与否的问题，还存在不同的认同程度，这种主体对客体的不同认同程度就是认同度。单纯依靠认同与否的确定，是无法进行科学决策的，只有对认同度进行测量，才能形成更加精准的决策，因此，认同度是科学研究的重要目标，是科学决策的重要依据。

2.1.3 新时代大学生思政课认同

新时代大学生思政课认同是党的十八大以来，在校大学生基于对各门思政课学习的总体体验，对思政课铸魂育人效果从认知、情感、行为等方面进行的价值判断，具体体现为对新时代大学生思政课内容、方法、教师和教学效果的满意性倾向和内化外化的状况。

新时代大学生思政课认同度是指新时代大学生对思政课接受的态度和程度，是把思政课作为认同的客体、大学生作为认同的主体，主客体之间肯定关系的存在及其程度，是大学生基于自身成长需要，对思政课课程价值、课程活动和课程学习结果在思想上呈现的整体性认识。这种思想认识及其强弱程度能够不同程度地激发主体的行为动机。本研究运用扎根理论对思政课认同概念进行操作定义，构建了新时代大学生思政课认同度的四维度复合概念结构并编制了测评量表，指出它是由课程内容、教学方法、教师素质、

① 王永和. 围绕“认知、认可、认同”构建思想政治理论课课堂教学方法体系[J]. 思想理论教育导刊，2013(10)：79-81.

② 奚彦辉. 大学生思想形成的认同机制探究[J]. 思想理论教育导刊，2011(4)：99-102.

学习收获构成的多维复合结构。“提升思想政治教育亲和力和针对性，满足学生成长发展需求和期待”①，是习近平总书记对大学生思政课的殷切期望，指明了从大学生思政课认同视角研究如何发挥大学生思政课主渠道效能的必要性和重要性。本研究将新时代大学生思政课认同度调查结果分为高、中、低三个等级进行评价。

① 张烁. 把思想政治工作贯穿教育教学全过程　开创我国高等教育事业发展新局面[N]. 人民日报，2016-12-09(1).

2.2 相关理论

将习近平关于思政课建设的重要论述作为指导理论，其指明了研究方向和基本遵循；思想政治教育学相关原理奠定了研究的理论基础，提供了学科依据；社会认同理论及思想政治教育认同研究的前期成果提供了理论借鉴。

2.2.1 指导理论：习近平关于思政课建设重要论述

党的十八大以来，以习近平同志为核心的党中央高度重视思政课建设。习近平总书记在世界百年未有之大变局的时代背景下，着眼中华民族伟大复兴，着眼党和国家事业发展全局，围绕思政课的战略地位与重要作用、目标任务、发展方向、实践举措等重大问题，进行了深入思考和系统阐述，形成了关于思政课建设的重要论述。

习近平总书记主持召开学校思想政治理论课教师座谈会并发表重要讲话，明确指出"思想政治理论课是落实立德树人根本任务的关键课程"①，提出要从维护国家意识形态安全，培养社会主义合格建设者和可靠接班人的高度抓好思政课建设。这就明确了思政课的战略地位和其在学校课程中的中心地位。思政课是经由知识教育的意识形态教育，"办好思想政治理论课，

① 习近平. 习近平谈治国理政：第三卷[M]. 北京：外文出版社，2020.

事关意识形态工作大局，事关中国特色社会主义事业后继有人，事关实现中华民族伟大复兴的中国梦，必须始终摆在突出位置”①。习近平总书记指出，“意识形态工作是党的一项极端重要的工作”②，“能否做好意识形态工作，事关党的前途命运，事关国家长治久安，事关民族凝聚力和向心力”③。思政课特殊的内容和属性，决定了其在巩固马克思主义在意识形态领域指导地位中的关键作用。“办好思想政治理论课关键在教师，关键在发挥教师的积极性、主动性、创造性”④，习近平总书记对思政课教师提出“六要”的要求，即政治要强、情怀要深、思维要新、视野要广、自律要严、人格要正；对思政课改革创新提出增强思想性、理论性和亲和力、针对性的要求，并提出坚持“八个相统一”的具体要求，即坚持政治性和学理性相统一、坚持价值性和知识性相统一、坚持建设性和批判性相统一、坚持理论性和实践性相统一、坚持统一性和多样性相统一、坚持主导性和主体性相统一、坚持灌输性和启发性相统一、坚持显性教育和隐性教育相统一，既为思政课建设指明了方向，又提供了方法论指导。习近平总书记在学校思想政治理论课教师座谈会上还指出“要理直气壮开好思政课，用新时代中国特色社会主义思想铸魂育人”“统筹推进大中小学思政课一体化建设”⑤，开创循序渐进、螺旋上升的全过程思政课建设新局面，这就使不同学段之间内容重叠的问题得以解决，使课程内容有序衔接的问题得以解决，为思政课内容建设划定了基本原则与范畴。“大思政课”教学理念强调全领域、全方位建设思政课，不仅明确指出要将建党百年等重大主题融入思政课，而且提出要紧密结合国家大事、社会热点，紧密联系古今历史文化、中外局势与文明成果，紧密关注社会实践大课

---

① 中华人民共和国教育部. 中央宣传部　教育部关于印发《普通高校思想政治理论课建设体系创新计划》的通知[EB/OL].（2015-07-30）. http：//www.moe.gov.cn/srcsite/A13/moe_772/201508/t20150811_199379.html.

② 中共中央文献研究室. 习近平关于社会主义文化建设论述摘编[M]. 北京：中央文献出版社，2017.

③ 中共中央宣传部. 习近平总书记系列重要讲话读本[M]. 北京：学习出版社，2016.

④⑤ 习近平. 习近平谈治国理政：第三卷[M]. 北京：外文出版社，2020.

堂，为课程内容体系建设打开了新的局面，以全新的视界开拓了全新的可持续发展的建设场域。“做好高校思想政治工作，要因事而化、因时而进、因势而新。要遵循思想政治工作规律，遵循教书育人规律，遵循学生成长规律”①更是为新时代深入研究思政课教学规律提供了基本方法和规律遵循。“思政课的本质是讲道理，要注重方式方法，把道理讲深、讲透、讲活，老师要用心教，学生要用心悟”②这一具有重要理论创新价值和实践指导意义的重要论断，揭示了思政课的特殊矛盾和本质规定，丰富和发展了关于思政课建设的重要论述，蕴含着丰富的文化智慧和深刻的哲理。

习近平关于思政课建设的重要论述深化和发展了在思想政治教育历史发展中形成的系列规律性认识和成功经验，阐明了思政课建设在新时代的重大战略意义，提出了新时代思政课建设的目标任务，指出了新时代思政课建设的基本举措，为思政课守正创新、实现高质量发展提供了基本遵循，成为思政课教学与研究的指导理论。习近平关于思政课建设的重要论述内含思政课建设发展基本规律，是提升大学生思政课认同的科学理论指南，为新时代大学生思政课认同研究提供了方法论指导。新时代大学生思政课认同是由课程内容、教学方法、教师素质、学习收获构成的多维复合结构。习近平关于思政课建设的重要论述就是从建设者的视角对多维复合结构各要素作出的深度阐释和论断，是深化认同结构内部建设的根本指导思想。从前面的文献综述可知，课程内容、思政课教师素质和教学方式方法是提升大学生思政课获得感的重要着力点，其自然成为提升大学生思政课认同的重要着力点，而习近平总书记关于“大思政课”理念、教师“六要”、课程改革“八个相统一”的重要论述，正是为此提供了具有针对性的理论指导。习近平总书记的“三因理念”“统筹推进大中小学思政课一体化建设”“思政课的本质是讲道理”等重要论述，是针对思政课存在的不足提出的建设原则，直接指向育人

① 习近平. 习近平谈治国理政：第二卷[M]. 北京：外文出版社，2017.

② 习近平. 坚持党的领导传承红色基因扎根中国大地 走出一条建设中国特色世界一流大学新路[N]. 人民日报，2022-04-26(1).

效果的提升，指向大学生心理性诉求的满足，为提升新时代大学生思政课认同提供了方法论指导。

2019 年，习近平总书记在中央政协工作会议暨庆祝中国人民政治协商会议成立 70 周年大会上的讲话中指出政治立场不能含糊、政治原则不能动摇，“要学习贯彻党的基本理论、基本路线、基本方略，不断增进对中国共产党和中国特色社会主义的政治认同、思想认同、理论认同、情感认同”①，为探索大学生思政课认同规律指出了明确的方向和具体的研究思路。

2.2.2　基础理论：思想政治教育学相关原理

关于思想政治教育地位和作用的“生命线”原理。“生命线”原理是中国共产党建党百年思想政治教育工作的基本经验和规律总结，是对思想政治教育的价值定位。“生命线”原理源于中国共产党 1932 年 7 月提出的“政治工作是红军的生命线”②。中国共产党人不断深化对思想政治教育“生命线”地位的论断，先后指出，“政治工作是一切经济工作的生命线”③“思想政治工作是经济工作和其他一切工作的生命线”④。进入新时代，习近平总书记高度重视思想政治教育“生命线”作用的发挥，不仅将其摆进治党治国、强军兴教的各项工作中，而且强调思想政治工作是学校各项工作的生命线，要把思想政治工作贯穿教育教学全过程，并发表了系列重要讲话。“生命线”原理是建党百年思想政治教育的成功经验，是我们深入研究思想政治教育的基本原理，为本研究准确理解和确定思想政治教育的地位和作用提供了理论依据。“生命线”原理是从党和国家事业发展的视角，阐释思想政治教育的重要价值，可以帮助大学生从更高的社会价值层面去认知思政课的重大意义，提升其对思政课的总体认同度。

---

① 习近平. 在中央政协工作会议暨庆祝中国人民政治协商会议成立 70 周年大会上的讲话[N]. 人民日报，2019-09-21(2).

② 中央档案馆. 中共中央文件选集：第 8 册[M]. 北京：中共中央党校出版社，1991.

③ 毛泽东. 毛泽东文集：第六卷[M]. 北京：人民出版社，1999.

④ 邓小平. 邓小平文选：第二卷[M]. 北京：人民出版社，1994.

关于思想政治教育目标和任务的"立德树人"原理。立德树人事关党和国家发展后继有人的根本问题，是"高校思想政治教育的核心"①，体现了中国共产党对中国教育根本任务的清晰认知和准确把握，对教育发展规律的深刻洞察。习近平总书记站在党和国家事业发展的全局高度提出"把立德树人作为教育的根本任务"，使立德树人教育思想的发展样态"从自在发展走向自觉构筑"②，使立德树人的知识体系从"潜在发展到显在发展"③，标志着中国共产党立德树人教育思想的基本定型④。思政课铸魂育人，必然凸显"培养什么人"的目标、"怎样培养人"的方法、"为谁培养人"的目的和"用什么培养人"的内容问题。思政课铸魂育人，必须站位高远、视野宽广、眼光深邃，保持高势位性，这就必然要求"必须从新时代坚持和发展中国特色社会主义的战略高度，从全面开启社会主义现代化国家建设新征程、向第二个百年奋斗目标进军的战略高度，从我们党和国家长治久安的战略高度去把握"⑤，避免陷入日常生活的窠臼。立德树人教育思想的规定性，是高校思政课教育教学的基本依据。习近平总书记提出的"六个下功夫"⑥，将立德树人的内容定位为理想信念、爱国主义情怀、品德修养、知识见识、奋斗精神、综合素质等，这些无疑都为本研究的具体设计和对策建议的提出提供了基本依据。"立德树人"原理不仅站在党和国家事业发展的视角，还站在人全面自由发展的视角，其强烈的人民性(人的主体性)反映了大学生与思政课间肯定关系的存在，帮助大学生从社会人的发展视角认识思政课与自身成长成才诉求的吻

---

① 田鹏颖. 立德树人的历史方位与战略逻辑[J]. 马克思主义与现实，2021(2)：181-187.

② 王鉴，姜纪垒. 中国共产党立德树人教育思想的百年历程与基本经验[J]. 教育研究，2021，42(7)：16-26.

③ 王鉴，姜纪垒. "立德树人"知识体系的百年演进及其经验总结[J]. 东北师大学报(哲学社会科学版)，2020(6)：10-21.

④ 侯玉环，胡晓红. 改革开放以来中国共产党立德树人思想的转型发展[J]. 广西社会科学，2019(7)：53-59.

⑤ 同①.

⑥ 张烁. 坚持中国特色社会主义教育发展道路 培养德智体美劳全面发展的社会主义建设者和接班人[N]. 人民日报，2018-09-11(1).

合度，在提升课程认同的同时，也能够提升情感认同。

关于思想政治教育原则的“疏导”方针。疏导是中国共产党思想政治教育工作的优良传统，也是基本方针[①]，是以马克思主义理论为依据，深入理解和掌握教育对象的问题和疑惑，千方百计使其明晰道理，使其被真情打动，使其被行为所引导，以平等平和的观念和态度给予其主流意识形态引导的重要教育原则。“思想政治教育领域的疏导是一种原则，更是一种方法和艺术。”[②]思想政治教育疏导方针根源于中国共产党的人民立场，随着中国共产党百年奋斗历程，“内容日益丰富，方法不断创新，成为思想政治教育的重要指导方针”[③]。进入新时代，习近平总书记提出的“三因理念”和“重视疏导化解、柔性维稳”[④]都成为疏导方针在新时代发展的重要标志。疏导方针把科学理论作为教育前提，把教育对象的主体性放在教育工作的第一位，准确掌握教育对象的客观具体情况，抓住关系对象最核心的利益诉求问题，坚持正确引导方向的基本内涵和要求，能够更好地使教育对象认同教育者的教育疏导行为，“有利于增强思想政治教育的亲和力和凝聚力，有利于增强思想政治教育的感召力和实效性”[⑤]，实现育人效果的最优化。疏导方针从施教的方式方法的角度为新时代大学生思政课认同研究提供了理论依据。疏导是教学工作的基本方式，是与硬性灌输相对的易于学生接受的教育方式。正如本书文献综述所述，教学方式方法是提升大学生思政课获得感的基本着力点，能够帮助教师调整教学观念，提升学生课堂学习接受度。

关于思想政治教育原则与方法的“灌输”原理。灌输理论源于列宁提出的“灌输论”，是催生科学思想、孕育进步的科学理论与方法。“工人本来也

① 王树荫，温静．中国共产党九十年思想政治教育疏导方针的发展演变[J]．思想教育研究，2011(6)：10-15.

② 张博，李庆华．论思想政治教育疏导[J]．思想理论教育导刊，2017(4)：131-134.

③ 同①.

④ 中共中央宣传部．习近平总书记系列重要讲话读本[M]．北京：学习出版社，人民出版社，2014.

⑤ 同①.

不可能有社会民主主义的意识。这种意识只能从外面灌输进去"①。列宁指出的"从外面灌输进去"，就是通过教育的手段将社会民主主义的意识内化到工人头脑中，使其建立革命理论。"毛泽东创立的关于正确处理人民内部矛盾的理论，邓小平提出的社会主义精神文明建设理论，以及江泽民关于以德治国的论述，是对灌输理论的发展"②。这些马克思主义经典作家的重要论述都内含着正确的思想不可能在人的头脑中自发产生的深刻内涵，必须遵循人的思想形成发展规律，施以正确的教育。陶德麟认为"灌输是把人们未知的东西传授给人们的必要手段之一，是教育的基础一环"③。孙来斌(2020)认为灌输很好地诠释了教育发生理论，"是指导马克思主义思想理论教育的重要原理"④。习近平总书记指出的"坚持灌输性和启发性相统一"的重要观点是灌输理论应用于新时代思政课教学的基本要求。灌输理论一方面启示我们科学的思想体系和正确的世界观不可能自发产生，个体思想政治素质的生成发展需要科学思想理论的灌输，需要通过思想政治教育的手段来实现；另一方面启发我们要正确科学地理解马克思主义灌输理论，不能歪曲和误读，错误地将其理解为强制性、填鸭式、大水漫灌式的灌输教育方法。灌输理论不仅是开展思想政治教育研究的理论依据，还是深入开展思想政治教育研究的科学方法论。大学生对思政课的认同不可能凭空产生，需要理论灌输，以提升认同。"灌输"原理是大学生思政课认同生成的前提，为认同的生成、发展与深化提供了理论指导。

2.2.3 借鉴理论：社会认同理论及思想政治教育认同研究的前期成果

社会认同理论认为社会认同由类化、赞许和对比三个递进的流程组成

---

① 中共中央马克思恩格斯列宁斯大林著作编译局. 列宁全集：第五十五卷[M]. 北京：人民出版社，2017.

② 张耀灿，郑永廷，吴潜涛，等. 现代思想政治教育学[M]. 北京：人民出版社，2006.

③ 于涓，余双好. 从文化建设的视角看社会主义核心价值观的培育和践行：访中国社会科学院马克思主义研究院顾问、武汉大学教授陶德麟[J]. 马克思主义研究，2014(4)：13-22，72.

④ 孙来斌. 列宁灌输理论的当代价值澄明[J]. 思想理论教育，2020(3)：27-33.

(社会认同理论是亨利・塔菲尔、约翰・特纳等人提出并加以完善的)。类化指人把自身划归到一定社会关系的过程；赞许就是自以为具有这个社群成员所具有的一般特征；对比，就是将所认同社群与其他社群相比较而言，对其优劣势、地位高低、信誉高低等方面进行评估。依据此三个递进流程，人们确立自己的社会地位和自尊心。社会认同理论以社会个体自身对群体的赞许为中心，认为个体通过社会分类，对自己的群体产生认同，并产生内群体偏好和外群体偏见，个体把达成和保持积极社会认同作为增强自尊的基本方式方法。而个体通过实现或维持积极的社会认同来增强自尊，个体积极的自尊生发在内群体与相关的外群体之间进行的有利对比中。社会认同理论第一次将人际与群际行为区别开来，并且将身份从个体与群体层次分为个体身份与社会身份两个自我知觉水平。社会认同理论强调自我的价值是一个动态发展过程，其核心就是通过他人来影响自己。此外，社会认同理论也提出了人际比较和群际比较的观点、个体自尊与集体自尊的区别。

国外关于认同理论在课程认同中的应用主要存在于对学生课程观的研究中。现代学习理论认为，学生的课程观是指学生对课程的基本看法，通过深入径直影响学习动机与学习方式，从而对学习效果造成深度影响①。20 世纪 60 年代，课程专家古德莱德(1960)提出“教师和学生是课程决定的重要层级”②的观点后，又提出学生对课程的观点与教师对课程的观点存在差异，甚至有很大的差异，他认为对学生课程认同情况的了解是决定课程成效的关键。美国学者梅尔文・德福洛也提出“个人差异论”，英国学者戴维・莫利等(2001)提出“认同的差异构成论”③。这些关于学生认同差异的“课程差异认

---

① LUCAS U, MEYER J H F. “Towards a mapping of the student world”: the identification of variation in students’ conceptions of, and motivations to learn, introductory accounting [J]. The British Accounting Review, 2005, 37(2): 177-204.

② GOODLAD J I. Curriculum: the state of the field [J]. Review of Educational Research, 1960, 30(3): 185-198.

③ 戴维・莫利, 凯文・罗宾斯. 认同的空间: 全球媒介、电子世界景观和文化边界[M]. 司艳, 译. 南京: 南京大学出版社, 2001.

同”理论，为本研究探究大学生思政课认同存在的差异提供了理论借鉴。这些观点从学生角度出发，因为站在受教育者主体的视角，所以对本研究深入探讨新时代大学生思政课认同影响因素具有较大的理论借鉴价值。

国内思想政治教育借鉴社会认同理论形成了思想政治教育认同理论研究热点和学术前沿，为新时代大学生思政课认同研究奠定了前期研究基础。例如关于思想政治教育认同概念的内涵，认为是受教育者基于自身发展需要，在教育者引导下，对思想政治教育内容、价值、方法、规范等持有赞同与认可的态度，在情感和意识上产生心理归属感，是对思想政治教育满足自身诉求的积极评价。思想政治教育领域的认同“本质上是一种政治认同、国家认同、价值认同与文化认同”①。思想政治教育“认同是反映人们面对现实与教育、经过思考后所表现出来的态度，是思想政治教育需要首先达到的目标”②。如关于思想政治教育认同要素形成了内容认同核心论、教师认同关键论、方法认同提升论、目标归因论以及认同四大结构要素等基本观点；再如关于思想政治教育认同机理的研究，学界提出逻辑发展三阶段论等观点，还对提升认同的对策等进行了对应的广泛深入的研究。

① 奚彦辉，李庆华. 思想政治教育“认同”概念的理论探讨[J]. 学术论坛，2015，38(4)：154-159.

② 陈锡敏. 认同：思想政治教育学的新范畴[J]. 教学与研究，2013(9)：106-112.

2.3　实践基础

党的十八大以来，以习近平同志为核心的党中央高度重视思政课建设，站在新时代的历史起点上，继往开来，守正创新，从战略上谋篇布局，整体推进，使思政课建设呈现出蓬勃发展的态势，展现出崭新的发展面貌，为大学生思政课认同营造了浓厚的氛围。新时代大学生思政课建设经历了目标任务确立阶段、综合改革创新阶段、快速普遍整改阶段、内涵式高质量发展阶段，取得的全面性开创性成就具有里程碑意义，为思政课认同研究打下了坚实的实践基础。

2.3.1　新时代大学生思政课建设的发展历程

新时代大学生思政课建设满足大学生社会化和国家人才需求的双向诉求，赓续党百年思想政治教育优良传统，肇始于指出新时代意识形态的极端重要性和现实紧迫性的全国宣传思想工作会议的召开，从作为意识形态前沿阵地的高校如何巩固马克思主义的思想指导地位，如何完成立德树人根本任务，如何肩负起培育中国特色社会主义事业合格建设者和可靠接班人之责等多重角度系统谋划。

首先，以 2013 年全国宣传思想工作会议召开为标志，新时代大学生思政课建设进入目标任务确立阶段。在2013年全国宣传思想工作会议上，习近平总书记指出，意识形态工作在全党全国都处于极端重要地位。宣传思想工作是巩固马克思主义意识形态指导地位的需要，是夯实全党和全国人民团结奋斗的共同思想基础的需要。当前我国意识形态斗争复杂尖锐，各种思潮相互激荡，对大学生进行社会主义核心价值观教育意义重大而深远。大学生应该是马克思主义的学习者、研究者。大学是重要的宣传阵地，加强社会主义核心价值体系建设势在必行，因此，要积极开展社会主义核心价值观的培育与实践活动。教育部党组出台相关通知，其中明确提出重点任务：启动“立德树人”工程，整体规划大中小学德育课程，制定实施《普通高校思想政治理论课建设体系创新计划》，全面系统地规划和设计思政课建设，以在更短的时间内有效提高教学质量，提高课程育人能力；着眼长远，筹划下发长效机制建设的相关通知，推进教材、教师、教学、评价、学科、保障等全方位的系统性综合改革创新，从整体性上有一个较大的迅速提升，这是政策文件的基本目标和任务。中共中央办公厅、国务院办公厅印发的《关于进一步加强和改进新形势下高校宣传思想工作的意见》(简称《意见》)把“学生真心喜爱、终身受益”[①]作为新时代大学生思政课建设的目标和任务，也明确提出要实施创新计划，并提出“优先保障”“重点建设地位”等明确表述，同时将“马工程”重点教材纳入培养方案和教学计划，明确要求使用“马工程”重点教材，以此为课程建设的核心关键载体，以便能够更加及时、准确、正确地推动新理论新思想进教材、进课堂、进头脑。《意见》中还明确提出把建设有示范影响的马克思主义学院作为学科领航计划的重要目标，通过带有明确目标指向的科学计划着力学科建设，下狠功夫，把学科建强建优，夯实可持续发展的根基，培养一批马克思主义理论学科带头人，从学科、学院、教材、教师等全

---

① 新华社. 中共中央办公厅、国务院办公厅《关于进一步加强和改进新形势下高校宣传思想工作的意见》[EB/OL]. (2015-01-19). https://www.gov.cn/xinwen/2015-01/19/content_2806397.htm.

方位谋划设计，明确目标任务。

其次，以 2015 年中央宣传部、教育部制定实施的《普通高校思想政治理论课建设体系创新计划》为标志，新时代大学生思政课建设进入综合改革创新阶段。2015 年 7 月，作为新时代大学生思政课建设总体文件的《普通高校思想政治理论课建设体系创新计划》正式发布。大学生思政课在三级教师培训体系、马克思主义理论一级学科支撑和已经形成的思政课建设良好局面的基础上，积极迎接新挑战和新要求，帮助大学生在社会多元价值选择与冲突中确立主流价值取向，坚定人生信念；帮助大学生在多元社会思潮的碰撞中汲取包容之力，能以主流价值取向引领和导化，实现自身社会化的发展。针对尚存在的困难和不足，进一步着力推进统编教材的使用，进一步着力提高专职教师队伍整体素质，进一步着力推进教学方法改革，进一步着力加强学科规范化建设，进一步着力健全完善评价标准。随后，配套的具体落实文件《高等学校思想政治理论课建设标准》《高等学校马克思主义学院建设标准》《高校思想政治工作质量提升工程实施纲要》《新时代高校思想政治理论课教学工作基本要求》等相继出台。2015 年 12 月，习近平总书记提倡加强建设马克思主义学院。自此，高校马克思主义学院进入快速发展时期，作为独立的二级机构，成为新时代大学生思政课建设的条件保障体系。2016 年，教育部成立了教指委，就思政课教材、教学方法、师资队伍、学科建设等问题提供更加专业的保障。同年，针对思政课建设，习近平总书记就学生社会化需求与期待和教育的亲和力与针对性，提出明确要求。高校紧紧围绕教师和学生两大群体，严抓教材和教师综合素质能力两个关键重点。《高等学校马克思主义学院建设标准》(2017 年版) 出台，为马克思主义学院建设的科学发展提供了标准和方向。在此期间，教育部组织开展了高校思政课教学质量年专项工作，开展了全国性的"地毯式全覆盖的大调研"大听课，据此制定了《高校思想政治工作质量提升工程实施纲要》，推动新时代大学生思政课改革创新沿着更加精准的方向前进。2017 年，国家教材委员会成立，统筹全国范围内的教材工作，强化不同层面的思政课教材建设。思政课教材（2018 年版）将习近平总书记最新重要讲话精神及时融入，保证了新时代的新思想成为最新课程教学内容。2018 年 4 月，教育部印发了《新时代高校思想政治理论课教学工作基本要求》，着眼学分设置、教学班型、教研室（组）建设、集体备课、教学方法、课堂教学纪律、考核方式等多维度对新时代大学生思政课建设提出了规范化要求。

再次，以 2019 年学校思想政治理论课教师座谈会召开为标志，新时代大学生思政课建设迈入快速普遍整改阶段。习近平总书记关于思政课是落实立德树人根本任务关键课程的重大论断，对思政课教师“六要”的基本要求，对思政课改革创新“八个相统一”的要求等，为高校深入开展思政课建设提供了强有力的思想指引。新时代大学生思政课教学理念不断更新，“立德树人”理念成为基本出发点，善用“大思政课”成为创新发展的聚焦点，思政课“关键课程”的作用得以彰显，地位得以巩固。随着高校马克思主义学院的普遍成立与发展，2019 年，《高等学校马克思主义学院建设标准》进一步修订，为新时代大学生思政课建设提供了更强有力的组织保证。2020 年末，按照中央要求，各高校思政课教师师生比不低于 1∶350 的配比工作普遍完成，并在“结构总体上呈现出年轻化、专业化的发展趋势”①。《全国大中小学教材建设规划（2019—2022 年）》《新时代学校思想政治理论课改革创新实施方案》等文件都加强了对思政课教材一体化建设的顶层设计，使思政课教学有了 2021 年版教材的高质量文本支撑。习近平新时代中国特色社会主义思想铸魂育人作用得以及时、广泛而精准地融入课程，保证了课程内容建设的时代化，保证了大学生社会化理论诉求的满足。“思政课教材编写、审核、研究、使用、评价更加规范化”②，各地高校结合自身特色优势，采用异彩纷呈的思

①② 吴潜涛，潘一坡. 党的十八大以来学校思政课建设的创新发展[J]. 思想理论教育导刊，2022(7)：77-87.

政课教学方法，将情景剧、专题研讨、课外实践、微电影等应用于教学，逐步走向结合学生专业特点和个性特征的实效性教学。尤其在新冠疫情暴发期间，线上线下融合的教学模式更是推动了新时代大学生思政课教学的信息化平台建设与发展，为新时代大学生思政课建设的信息化和数字化发展积累了经验，坚定了信心。

最后，以 2022 年习近平总书记关于“思政课的本质是讲道理”重要论断为标志，新时代大学生思政课建设进入内涵式高质量发展阶段。思政课的本质是讲道理，要讲深、讲透、讲活的重要论断明确提出了思政课的本质问题，揭示了思政课的特殊矛盾和本质规定，丰富并发展了习近平关于思政课建设的重要论述，蕴含着切实讲好思政课道理的深刻哲学内涵，深化了人们对思政课性质、功能和教育教学规律的认识，具有科学的理论指导与实践创新价值。

2.3.2　新时代大学生思政课建设的实践成就

党的十八大以来，大学生思政课课程建设、马克思主义理论学科建设、马克思主义学院建设三大建设协调推进，体系化运作，多部门多方面联动，全方位全过程协同推进的大格局已经形成。2021 年，教育部着眼课程高质量发展，深化宏观指导，修订并颁发了《高等学校思想政治理论课建设标准（2021 年本）》，围绕课程组织管理、队伍管理、教学管理和学科建设开展深度规范化建设设计，为高校有条不紊地深化工作提供了建设标准和行动指南。

在党中央的高度重视和具体指导下，新时代大学生思政课建设基本形成了体现学校党委直接领导的工作机制，独立设置了直属学校领导的马克思主义教学科研机构，形成了具有专项经费、专门课程职能的管理机制，制定了针对教师的选培、评聘、薪酬的教师队伍管理办法和学科建设的一系列规章制度，极大地提升了新时代大学生思政课建设的科学化、专业化水平。具体表现为，培养了一批马克思主义学科带头人和优秀青年学者，为新时代大学生思政课建设高质量发展提供了领航力量；建设了一批有示范影响的马克思主义学院，为新时代大学生思政课建设提供了可持续发展的平台；教材内容日益丰富，针对性、可读性、实效性大幅度提高；集中优势力量制作了配套的教学课件，使教学更准确、更全面，保证了思政课教学的国家统一规定性；构建了日趋成熟的大中小学思政课一体化建设体系；形成了各类课程与思政课建设相互协同的课程治理与教学理念；营造了日益浓厚的全社会关心支持思政课建设的氛围。

在习近平新时代中国特色社会主义思想指导下，思政课本质是讲道理的课程性质得到更深刻的认识，课程教学把道理讲深讲透讲活的要求得到日渐精准的把握，培根铸魂、启智润心的目标指向更加鲜明，并且形成了立意高、格局大的“大思政课”理念。围绕高校思政课建设，习近平总书记的系列重要论述和重要论断以及相关政策文件的陆续出台，增强了广大思政课教师深入学思践悟马克思主义的意识，激发了他们的学习热情，极大地增强了他们的职业认同感。同时，党和国家建成了多维度多层级跨地域的思政课教师发展共同体和发展平台，如中宣部、教育部等在各地举办骨干教师研修班，遍布全国各地的教师研究基地从 16 个增加到 34 个，教育部设立了 8 个高校思政课教学创新中心、32 个“手拉手”集体备课中心、69 个高校思政课名师工作室等，形成了系统的全覆盖培训平台，培养了一支规模逐步扩大和综合素质稳步提升的，可信、可敬、可靠，乐为、敢为、有为的值得信赖、朝气蓬勃的教师队伍。在习近平新时代中国特色社会主义思想指导下，社会主义核心价值观、“四史”教育、中国精神及时融入大学生思政课，丰富了课程内容，形成了具有较强针对性、时代性、社会性的课程内容体系，初步形成了思政课课程内容高质量发展的基本模式。

2.3.3 新时代大学生思政课建设的基本经验

从前文可知，十年来，大学生思政课建设在习近平新时代中国特色社会主义思想指导下，有了历史性发展，实现了历史性跨越，得到大学生的普遍认同。党的十八大以来，思政课建设改革创新实践营造了良好的思政课认同环境，丰富了新时代大学生思政课认同结构各要素的内涵，构建了新的认同理论形态，形成了能够赋予大学生思政课认同新认识新发展的宝贵经验。

第一，清醒认识新时代大学生思政课作为关键课程的核心地位。“办好思想政治理论课，事关意识形态工作大局，事关中国特色社会主义事业后继有人，事关实现中华民族伟大复兴的中国梦，必须摆在突出位置。”[①]党的十八大以来，大学生思政课从主渠道到落实立德树人根本任务关键课程，深化为巩固马克思主义在高校意识形态领域指导地位、坚持社会主义办学方向的重要阵地，深化为实现高等教育内涵式发展的灵魂课程。伴随着课程建设改革创新实践，对思政课灵魂课程、关键课程核心地位的认识不断巩固与深化，这为新时代大学生思政课建设顶层设计与政策制定提供了基本的思想前提，为大学生思政课建设科学发展提供了保障，形成了新时代大学生思政课建设改革创新实践的基本经验。当代世界正处在一个大发展、大变革、大调整的时代，世界多极化和经济全球化加剧，社会信息化、文化多样化向纵深推进，震撼了大学生们的心灵，给大学生思政课建设带来了挑战。在此背景下，高校必须把思想政治理论课作为大学育人工作的主渠道和主阵地来抓。在新时代中国特色社会主义发展中，党和国家对人才的需求极为紧迫，这给教育带来了新的使命和要求。教育现代化和教育强国建设等，都需要我们把注意力集中到培养什么样的人才上来，如何育人和为了谁育人的基本问题既给大学生思政课建设带来了新挑战，又提出了新要求。新时代大学生思政课建设虽然取得了诸多成绩，但在重要性认识、教师队伍规模与整体素质、课堂教学效果、教材内容、教学研究等诸多方面仍存在亟待解决的问题。新时

① 中华人民共和国教育部. 中央宣传部　教育部关于印发《普通高校思想政治理论课建设体系创新计划》的通知[EB/OL]. (2015-07-30). http://www.moe.gov.cn/srcsite/A13/moe_772/201508/t20150811_199379.html.

代大学生思政课关键课程与核心地位的确立，为深化大学生思政课认同的内涵和价值提供了宏观指导，这种重要地位、作用的明确也为提升大学生思政课价值认同提供了思想支持。

第二，党的直接领导提供强大的政治保障。办好我国的高等教育，必须坚持党的领导，这是习近平总书记经常强调的重大政治问题。“各级党委要把思政课建设摆上重要议程，……学校党委书记、校长要带头走进课堂，带头推动思政课建设，带头联系思政课教师。”①学校党委书记是抓好思政课建设的第一责任人，必须把思政课作为重点课程，必须把马克思主义理论学科作为重点学科，必须把马克思主义学院作为重点学院纳入学校发展规划，进行重点建设。党中央以中央文件的形式加强新时代大学生思政课建设顶层设计，出台总体规划，推动思政课体制机制创新。高校党委直接负责，形成了新时代大学生思政课建设强大的凝聚力，保证了顶层设计的重点谋划，保证了经费使用的优先保障，保证了资源使用的积极稳妥，保证了思政课在高校教学体系中的重点建设地位。新时代十年思政课建设取得巨大成就的根本在于中国共产党的坚强领导。系列政策文件的出台，从体制机制的角度为思政课建设提供了基本保障，夯实了大学生思政课建设的基础。思政课组织建设、学科建设、教材建设、队伍建设等方面的诸多瓶颈问题的突破都体现了党的领导在思政课建设中的重大作用。党的领导是继往开来、坚持不懈地提升新时代大学生思政课认同的根本保障。

第三，以不断深化的规律认识推动科学育人。思想政治工作要把学生放在第一位，以学生为中心，照顾好他们，为他们服务，必须因事而化，因时而进，因势而新，必须遵循思想政治工作的规律，遵循教书育人的规律，遵循身心发展规律，保证科学育人能力和水平持续提升。新时代大学生思政课教学形成了不断推进教学内容与方法对象化的良好形态。及时将先进思想融

① 习近平. 思政课是落实立德树人根本任务的关键课程[J]. 求是，2020(17)：4-16.

入课程，满足学生新时代的思想理论需求与期待；创新思政课教学方法，符合新时代大学生认同与接受心理。党中央从系统化的顶层设计到具体化的分阶段推进，也反映出对新时代大学生思政课建设规律的实践探索与深化。对规律的遵循是新时代十年思政课建设取得巨大成就的基本经验，同时，在遵循规律开展思政课教学研究实践中，学界、教育界也深化了对思政课建设规律的认识，更多地走向学生，走向受教育者主体，高度关注受教育者的主体性，这就丰富了思政课建设的基本观点，为新时代大学生思政课认同研究提供了时代性的理论指导和思想借鉴。

第四，紧抓教师队伍建设。教师肩负着传播知识、传播思想和传播真理的使命，肩负着塑造灵魂和塑造人生的责任，承担培育新人的时代重任。立德树人是高校思政教育工作的根本目的和根本任务，而要实现这一目标，必须以高素质专业化教师队伍为依托，这就需要我们把建设一支优秀的师资队伍作为重要工作来抓。思政课教师是以习近平新时代中国特色社会主义思想铸魂育人、肩负重大责任的中坚力量，“办好思想政治理论课关键在教师，关键在发挥教师的积极性、主动性、创造性”①。这是中央对高校思政课教师提出的明确要求，也是广大思政课教师义不容辞的责任和使命。党的十八大以来，党中央、教育部就思政课教师队伍建设问题下发了一系列文件，就培养规划、建设标准、保障机制（考核评价机制、职称评审机制、薪酬激励机制）等提出了具体要求和目标，使思政课教师队伍日益壮大，这也成为新时代大学生思政课提质增效的关键举措。习近平总书记亲自主持并参加学校思想政治理论课教师座谈会，这在党的历史上是第一次，同时，习近平总书记专门对思政课教师提出了“六要”的基本要求。广大思政课教师自觉将立德树人作为教书育人的重要职责，踔厉奋发，努力提高自身专业素养和职业能力，保证了新时代大学生思政课建设按部就班地取得实效。教师是新时代

① 习近平. 思政课是落实立德树人根本任务的关键课程[J]. 求是，2020(17)：4-16.

十年思政课取得巨大成就的直接实施者，显示出强大的育人能力。正是思政课教师在课程教学理念、教学内容、教学方式方法等方面的持续付出，才使思政课教学效果不断攀升，迎来越来越多大学生的接受与认可。新时代十年的伟大实践证明，紧抓思政课教师队伍建设是提升大学生思政课认同的关键之举、经验之策。

第3章

新时代大学生思政课认同状况调查及结果分析

准确把握大学生对思政课认同的情况，不仅要有理性论辩，还需要进行实证分析。从国内外研究来看，还没有对课程认同进行系统测量研究的成果，尤其是测量大学生对思政课的认同情况。本研究在国内外文献研究的基础上，在习近平总书记关于思政课建设重要论述和现代思想政治教育学理论框架下，借鉴社会认同理论和思想政治教育认同研究的相关观点，编制了《新时代大学生思政课认同调查问卷》，通过对调研数据的统计分析，对新时代大学生思政课认同有了一个结构性的认识和理解。

3.1　新时代大学生思政课认同状况调查的研究工具

基于文献研究和扎根理论，进行新时代大学生思政课认同现状调查的概念操作定义并构建其理论模型，编制测量量表，并对量表进行信效度测定及修正。通过大样本资料收集的验证性因子分析，确认新时代大学生思政课认同度的结构及其相关因素，探索新时代大学生思政课认同机制。

3.1.1　新时代大学生思政课认同概念操作定义

如前所述，大学生思政课认同是指大学生对思政课教学内容、方法、教师、结果的满意性倾向和内化外化的状况，是其对思政课接受的态度和程度。如何将其化作可以测量的变量，本研究依据文献研究和扎根理论两种方法的研究结果，构建了思政课认同概念的四要素复合结构及其影响因素的理论模型。

文献研究表明，专家学者将一般课程构成要素大致分九要素、五要素、四要素、四维度、三维度等，如中国学者黄显华提出的九要素说；特拉等学者的五要素说；“现代课程理论之父”泰勒的课程目标、课程活动、课程组织、课程评价四要素说；奥斯本和柯林斯的四维度说；里德和彼托霍兹的三维度说。它们为课程要素研究提供了借鉴。

运用扎根理论对新时代大学生课程认同概念初始调查的资料(注：首先，在全日制在读本科生中抽取550名学生，使用开放式问卷对认同概念认知情况开展调查，请学生写出自己对思政课的认同情况，并写明原因；其次，从这些学生中选取15名学生，结合开放式问卷调查的结果，进行深入访谈，收集大学生对思政课认同的内容，归纳出认同的五个方面内容，即课程内容、教学方法、教师素质、学习收获、课程考核；再次，邀请专家进行论证，概括出思政课认同的课程内容、教学方法、教师素质、学习收获、课程考核五个构成要素)进行三级编码，构建出新时代大学生思政课认同概念的初步框架，包括课程内容、教学方法、教师素质、学习收获、课程考核五大要素。其中课程内容认同主要是指大学生对四门思政课("思想道德与法治""中国近现代史纲要""毛泽东思想和中国特色社会主义理论体系概论""马克思主义基本原理")教学基本内容的认同；教学方法认同是指大学生对思政课诸多教学方式方法上的改进和创新的认同，包括对案例教学法、专题教学法、实践体验教学法、研究讨论教学法、情景模拟教学法等的认同；教师素质认同是指大学生对任课教师思想政治素质、思想理论水平、课堂教学能力、语言表达和媒体技术应用能力等方面的认同；学习收获认同是指大学生对自己在思政课上的获得感的评价，主要包括知识信息、思维能力、品德修养、理论水平等方面的收获和提升；课程考核认同是指大学生对思政课考核方式方法的认同情况，考核方式方法包括题库上机考试、开卷纸笔测试、闭卷纸笔测试、期末提交大作业论文、开卷案例分析考试等。

基于此，本研究提出大学生思政课认同的可量化操作研究的操作化定义为，由课程内容、教学方法、教师素质、学习收获、课程考核五要素构成的对思政课整体性的接受态度和程度，同时，得到大学生思政课认同的概念结构模型和测量量表，如图3.1、表3.1所示。

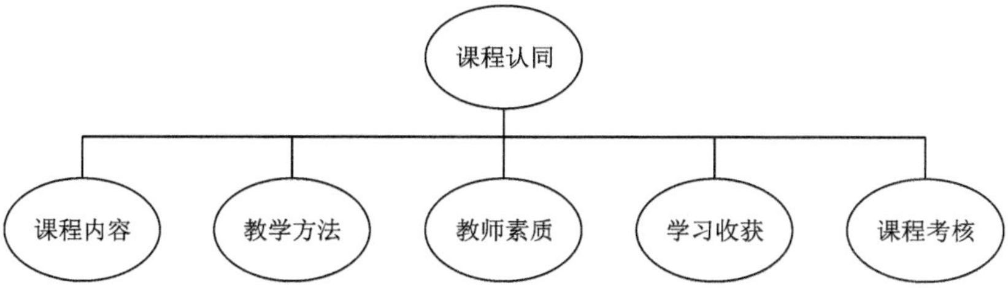

图 3.1　新时代大学生思政课认同概念结构模型

表 3.1　新时代大学生思政课认同度测量指标

主要维度	具体指标
课程内容	中国共产党的集中统一领导
	人民当家作主
	依法治国
	全国一盘棋
	各民族一律平等
	社会主义基本经济制度
	中华民族的共同理想信念
	德才兼备的选人用人育人观
	共同富裕
	改革创新,与时俱进
	“一国两制”
	党指挥枪
	构建人类命运共同体
教学方法	传统讲授法
	案例教学法
	网络教学法
	专题教学法
	实践体验教学法
	研究讨论教学法
	情景模拟教学法

续表3.1

主要维度	具体指标
教师素质	思想政治素质
	扎实的专业基础
	对课程内容把握的广度和深度
	联系实际教学的能力
	课堂组织教学的能力
	教学方法的运用能力
	语言表达能力
	媒体技术应用能力
	科学研究能力
	人文社科知识储备和基本素养
学习收获	增强了“四个自信”
	解开了对于世情、国情、党情的困惑
	对马克思主义理论形成了科学认识
	树立了社会主义核心价值观
	掌握了分析问题和解决问题的方法
	树立了正确的理想信念
	养成了良好的社会行为习惯
	树立了法治意识
	增强了运用习近平新时代中国特色社会主义思想分析问题和解决问题的能力
课程考核	题库上机考试
	开卷纸笔测试
	闭卷纸笔测试
	期末提交大作业论文
	开卷案例分析考试

3.1.2　新时代大学生思政课认同调查问卷及量表编制

在大连理工大学随机抽取 300 名全日制在读本科生进行预调查并对调查结果进行统计分析，结果显示：首先进行的初始量表的 KMO 检验，检验结果输出为 0.956(>0.9)，运用巴特利特球形检验的方法进行变量相关单位阵检验，输出的近似卡方值结果为 8480.185，显著性值为 0.000(<0.001)，球形检验结果是显著的，这就表明量表可以使用因子分析的方法(见表 3.2、表 3.3)。然后，对初始量表进行探索性因子分析，对量变的结构进行本质分析，同时进行维度检测与降维处理，采用的方法是主成分分析法，并采用凯撒正态化最优斜交法进行旋转，抽取出特征值大于 1 的公因子，将因子负荷值小于 0.5 的题项全部删除，将出现在两个维度中因子负荷都超过了 0.53 的因子进行修订，以此为基本依据对量表结构进行了调整。经过修订与调整，样本数据共聚合出四个因子，总方差解释累积 71.052%(见表 3.4、表 3.5)，最终形成新时代大学生思政课认同四要素结构测量量表，共包含 33 个题项，其中学习收获维度 9 个题项、课程内容维度 9 个题项、教学方法维度 5 个题项、教师素质维度 10 个题项(见表 3.6)。

表 3.2　旋转因子载荷模式矩阵

维度	题项编码	成分			
		1	2	3	4
课程内容	Q9_行 5	0.947			
	Q9_行 2	0.933			
	Q9_行 3	0.932			
	Q9_行 6	0.887			
	Q9_行 7	0.886			
	Q9_行 8	0.849			
	Q9_行 10	0.837			
	Q9_行 13	0.778			
	Q9_行 1	0.760			

续表3.2

维度	题项编码	成分			
		1	2	3	4
教师素质	Q15_行 9		0.968		
	Q15_行 8		0.904		
	Q15_行 10		0.892		
	Q15_行 6		0.814		
	Q15_行 4		0.808		
	Q15_行 5		0.783		
	Q15_行 3		0.779		
	Q15_行 7		0.777		
	Q15_行 2		0.705		
	Q15_行 1		0.673		
学习收获	Q7_行 4			0.860	
	Q7_行 3			0.848	
	Q7_行 9			0.844	
	Q7_行 5			0.842	
	Q7_行 8			0.757	
	Q7_行 6			0.756	
	Q7_行 2			0.745	
	Q7_行 1			0.725	
	Q7_行 7			0.724	
教学方法	Q12_行 7				0.863
	Q12_行 5				0.846
	Q12_行 6				0.777
	Q12_行 2				0.742
	Q12_行 4				0.704

提取方法：主成分分析法。

旋转方法：凯撒正态化最优斜交法。

旋转在 6 次迭代后已收敛。

表 3.3　KMO 和巴特利特球形检验

KMO 取样适切性量数		0.956
巴特利特球形检验	近似卡方	8480.185
	自由度	528
	显著性	0.000

表 3.4　量表特征值与总方差解释

成分	初始特征值			提取载荷平方和			旋转载荷平方和[a]
	总计	方差百分比/%	累积/%	总计	方差百分比/%	累积/%	总计
1	17.011	51.550	51.550	17.011	51.550	51.550	13.391
2	2.574	7.800	59.350	2.574	7.800	59.350	13.665
3	2.374	7.195	66.546	2.374	7.195	66.546	12.200
4	1.487	4.507	71.052	1.487	4.507	71.052	10.311

提取方法：主成分分析法。

a. 如果各成分相关时，则无法添加载荷平方和以获取总方差。

表 3.5　验证性因子分析模型拟合指标

模型拟合指标	χ^2	df	χ^2/df	RMSEA	CFI	NFI	TLI	IFI
模型	1121.7	489	2.294	0.068	0.924	0.837	0.980	0.837

经过 AMOS 24.0 测试，验证性因子分析(CFA)模型的卡方值为 1121.7，自由度为 489，卡方自由度比值为 2.294，小于 5；近似误差均方根(RMSEA)为 0.068，小于 0.1；增值拟合度指标中，增值适配指数(IFI)为 0.837，比较适配指数(CFI)为 0.924，非规范适配指数(TLI)为 0.980，两者均达到了超过 0.9 的理想水平，规准适配指数(NFI)为 0.837，非常接近 0.9 的理想值。上述数据清楚地告诉我们，模型的各个因子分析指数都已经达到了相对理想的程度，模型的整体适配度达到良好标准，因此，量表已经具备了深入研究的结构效度。

表 3.6　新时代大学生思政课认同的主要维度及测量指标(经过修订的正式量表)

因子	题号	题项	很不认同	不认同	一般	认同	非常认同
学习收获	Q8_行 1	增强了"四个自信"	1	2	3	4	5
	Q8_行 2	解开了对于世情、国情、党情的困惑	1	2	3	4	5
	Q8_行 3	对马克思主义理论形成了科学认识	1	2	3	4	5
	Q8_行 4	树立了社会主义核心价值观	1	2	3	4	5
	Q8_行 5	树立了正确的理想信念	1	2	3	4	5
	Q8_行 6	养成了良好的社会行为习惯	1	2	3	4	5
	Q8_行 7	树立了法治意识	1	2	3	4	5
	Q8_行 8	掌握了分析问题和解决问题的方法	1	2	3	4	5
	Q8_行 9	增强了运用习近平新时代中国特色社会主义思想分析问题和解决问题的能力	1	2	3	4	5
课程内容	Q10_行 1	中国共产党的集中统一领导	1	2	3	4	5
	Q10_行 2	人民当家作主	1	2	3	4	5
	Q10_行 3	依法治国	1	2	3	4	5
	Q10_行 4	各民族一律平等	1	2	3	4	5
	Q10_行 5	社会主义基本经济制度	1	2	3	4	5
	Q10_行 6	中华民族的共同理想信念	1	2	3	4	5
	Q10_行 7	德才兼备的选人用人育人观	1	2	3	4	5
	Q10_行 8	改革创新，与时俱进	1	2	3	4	5
	Q10_行 9	构建人类命运共同体	1	2	3	4	5
教学方法	Q12_行 1	案例教学法	1	2	3	4	5
	Q12_行 2	专题教学法	1	2	3	4	5
	Q12_行 3	实践体验教学法	1	2	3	4	5
	Q12_行 4	研究讨论教学法	1	2	3	4	5
	Q12_行 5	情景模拟教学法	1	2	3	4	5

续表3.6

因子	题号	题项	很不认同	不认同	一般	认同	非常认同
教师素质	Q14_行 1	思想政治素质	1	2	3	4	5
	Q14_行 2	扎实的专业基础	1	2	3	4	5
	Q14_行 3	对课程内容把握的广度和深度	1	2	3	4	5
	Q14_行 4	联系实际教学的能力	1	2	3	4	5
	Q14_行 5	课堂组织教学的能力	1	2	3	4	5
	Q14_行 6	教学方法的运用能力	1	2	3	4	5
	Q14_行 7	语言表达能力	1	2	3	4	5
	Q14_行 8	媒体技术应用能力	1	2	3	4	5
	Q14_行 9	科学研究能力	1	2	3	4	5
	Q14_行 10	人文社科知识储备和基本素养	1	2	3	4	5

3.1.3　新时代大学生思政课认同量表检验与修订

(1)样本确定

本次调研以国内在读本科生为调研对象，面向除港澳台外的华北、东北、华东、华南、西南、西北六大地区 22 个省份的 53 所普通高校[①]发放调研

① 抽样高校为(排名不分先后)：清华大学、北京化工大学、天津科技大学、天津美术学院、天津师范大学、太原理工大学、内蒙古师范大学、沈阳工业大学、沈阳科技学院、沈阳体育学院、大连大学、大连海事大学、大连海洋大学、大连交通大学、大连理工大学、大连理工大学城市学院、大连医科大学、辽宁师范大学、中国刑事警察学院、齐齐哈尔大学、齐齐哈尔工程学院、东华大学、上海应用技术大学、中国矿业大学、安徽农业大学、福建师范大学协和学院、江西师范大学、江西财经大学、齐鲁工业大学、山东工商学院、山东师范大学、河南农业大学、湖北经济学院、湖北大学、中南大学、长沙理工大学、中南林业科技大学涉外学院、广东医科大学、中山大学、海南医学院、电子科技大学、西华师范大学、楚雄师范学院、昆明医科大学、陕西理工大学、陕西师范大学、陕西中医药大学、渭南师范学院、西安外国语大学、咸阳师范学院、延安大学、兰州理工大学、新疆师范大学。

问卷。本次调研是采用问卷星在线工具进行的，所有样本均全部填写，所有数据无缺失值。调查结束后，使用 SPSS26.0 对从问卷星导出的数据进行清理。首先，将正常速度填写问卷的时间(150 秒)作为筛选阈值，将填写时间低于该阈值的问卷认定为无效问卷，对数据进行删除操作；其次，本调研问卷涉及 7 个量表，运用 SPSS26.0 中“对个案中的值进行计数”功能对指标答案无差异的调研数据进行筛选剔除；最后，本调研问卷中设置了 2 道反向题，以反向题矛盾作为依据剔除无效问卷。通过上述三个步骤的清理，得到有效问卷 4315 份(表 3.7)。

表 3.7　被试分布情况(*N*=4315)

		频数	百分比/%
性别	男	1620	37.5
	女	2695	62.5
年级	大一	1718	39.8
	大二	1416	32.8
	大三	721	16.7
	大四	460	10.7
学科专业	文史类	1321	30.6
	理科类	1356	31.4
	工科类	1278	29.6
	艺术体育类	360	8.3
院校地区	华北	532	12.3
	东北	936	21.7
	华东	656	15.2
	华南	757	17.5
	西南	405	9.4
	西北	1029	23.8

续表3.7

		频数	百分比/%
是否学生干部	是	1436	33.3
	否	2879	66.7
生源类别	城镇	1826	42.3
	农村	2489	57.7

(2)信度分析

根据现代统计学观点，如果测量量表的 Cronbach's alpha 信度系数数值超过 0.9，那么这个测量量表的信度就非常理想；如果测量量表的 Cronbach's alpha 信度系数超过 0.8 但小于 0.9，那么量表的信度是可以被接受的；如果测量量表的 Cronbach's alpha 信度系数超过 0.7 但小于 0.8，那么这个测量量表的信度将被质疑，就需要对量表进行比较大的修订，才能使用；如果测量量表的 Cronbach's alpha 信度系数数值不超过 0.7，那么这个测量量表的测量效果将非常差，无法使用。在大型研究的测量中，通常以问题组的形式开展，此时的信度测量也就需要严格按照问题组来进行，也就是要测量问题组的组合信度(CR)，并非整个量表。约瑟夫 · F. 海尔等(2017)认为组合信度值的临界区间点是 0.7①，而克莱斯 · 福内尔和大卫 · F. 拉克尔(1981)认为这一区间点应该是 0.6②，他们同时建议检验内部一致性平均抽取的方差值应该超过 0.5。据此，从表 3.8 统计的组合信度、一致性信度和 AVE 系数可知本研究各量表的信度较好。

① HAIR J F, HULT G T M, RINGLG C M. A Primer on partial least squares structural equation modeling (PLS-SEM): the 2nd Edition[M]. Thousand Oaks: Sage, 2017.

② FORNELL C, LARCKER D F. Structural equation model with unobservable variables and measurement error algebra and statistics[J]. Journal of Marketing Research, 1981(18):382-389.

表 3.8　各维度信度分析指标值

维度	题项	标准化载荷	组合信度(CR)	一致性信度	AVE
学习收获	Q8_行 1	0.699	0.924	0.923	0.574
	Q8_行 2	0.727			
	Q8_行 3	0.732			
	Q8_行 4	0.805			
	Q8_行 5	0.815			
	Q8_行 6	0.805			
	Q8_行 7	0.781			
	Q8_行 8	0.713			
	Q8_行 9	0.731			
课程内容	Q10_行 1	0.848	0.974	0.974	0.805
	Q10_行 2	0.900			
	Q10_行 3	0.916			
	Q10_行 4	0.878			
	Q10_行 5	0.896			
	Q10_行 6	0.923			
	Q10_行 7	0.895			
	Q10_行 8	0.921			
	Q10_行 9	0.897			
教学方法	Q12_行 1	0.777	0.881	0.881	0.598
	Q12_行 2	0.784			
	Q12_行 3	0.787			
	Q12_行 4	0.748			
	Q12_行 5	0.771			

续表3.8

维度	题项	标准化载荷	组合信度(CR)	一致性信度	AVE
教师素质	Q14_行 1	0.858	0.963	0.963	0.721
	Q14_行 2	0.865			
	Q14_行 3	0.877			
	Q14_行 4	0.863			
	Q14_行 5	0.861			
	Q14_行 6	0.874			
	Q14_行 7	0.860			
	Q14_行 8	0.775			
	Q14_行 9	0.792			
	Q14_行 10	0.860			

(3)效度分析

表 3.9　新时代大学生思政课认同问卷的结构效度

	课程内容	教师素质	学习收获	教学方法
课程内容	0.897			
教师素质	0.647***	0.849		
学习收获	0.541***	0.561***	0.757	
教学方法	0.604***	0.704***	0.591***	0.773

注：*表示 $P<0.050$；**表示 $P<0.010$；***表示 $P<0.001$。对角线上数字为 $\sqrt{AVE}$。

将斜方线 AVE 值与不同因子间的系数值比较，可以发现，斜方线上的 AVE 值都超过因子间的系数值，说明新时代大学生思政课认同问卷的结构效度是完全符合要求的，有明显的结构区分度。同时，根据表 3.8 中题项的标准化载荷数值都超过 0.5 的情况可知，其拟合关系很好，说明结构效度是能够被信任和支持的。

为了验明数据是否适合做因子分析，首先进行初始量表的 KMO 检验，检验结果输出为0.974(>0.9)，运用巴特利特球形检验的方法进行变量相关单位阵检验，输出的近似卡方值结果为139747.971，显著性值为0.000(<0.001)，球形检验结果是显著的，这就表明样本数据适合做探索性因子分析。采用主成分分析法和凯撒正态化最优斜交法抽取特征值大于1的公因子，共聚合出4个公因子，4个公因子的累积方差贡献率为72.907%，比较理想。

构建新时代大学生思政课认同的验证性因子分析模型，对模型进行适配度检验。数据显示如下(见表3.10、图3.2)。

表3.10　验证性因子分析模型拟合指标

模型拟合指标	χ^2	df	χ^2/df	RMSEA	CFI	NFI	TLI	IFI
模型	10693.856	489	21.869	0.070	0.927	0.924	0.921	0.927

经过AMOS 24.0测试，验证性因子分析(CFA)模型的卡方值为10693.856，自由度为489，卡方自由度比值为21.869；因本研究样本量为4315份，样本量很大，所以这三项指标没有实际意义，不做分析。近似误差均方根(RMSEA)值为0.070，不超过0.1，且位于0.05和0.08之间，误差很低，比较理想，具有良好的拟合度；增值拟合度指标中，增值适配指数(IFI)超过0.9，达到了0.927，更加接近1，具有良好的拟合度；比较适配指数(CFI)为0.927，非规范适配指数(TLI)为0.921，均达到超过0.9的理想水平，规准适配指数(NFI)为0.924，达到超过0.9的理想值。综合上述数据发现，此CFA模型的各项因子分析指数值均达到较为理想的程度，整体适配度良好，最终量表具有比较理想的结构效度。

研究结果表明，大学生思政课认同包括课程内容、教师素质、教学方法、学习收获四个维度，编制的新时代大学生思政课认同问卷包含这四个维度下的33个题项，正式问卷的结构效度中各因子的指标数据值和验证性因子分析的各项拟合指标数据值都表明问卷有比较理想的结构效度，据此，得出其能够作为大学生思政课认同测量工具的判断。

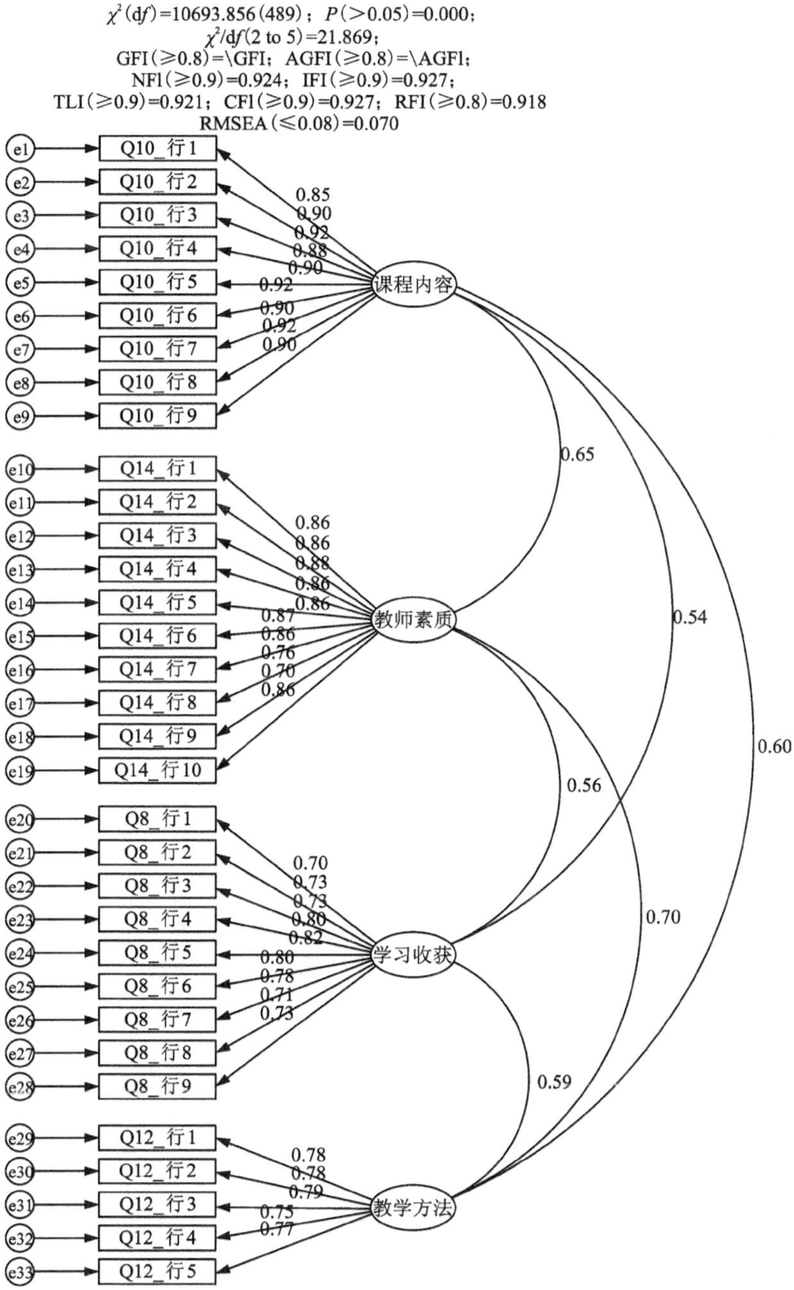

图 3. 2　验证性因子分析模型

3.2　新时代大学生思政课认同的基本状况

使用统计分析软件SPSS26.0对采集的4315个样本进行数据统计。调查样本的分布情况如表3.7所示。

3.2.1　整体认同度较高

表3.11、表3.12、表3.13数据显示说明，当前大学生思政课认同总体情况较好，99.2%的大学生对思政课表示认同，不认同的占0.8%。其中对思政课课程内容、教师素质和教学方法的认同度都在98%以上，只有对学习收获的认同度低于这个数值。较高的认同度反映出党的十八大以来党中央对思政课的系列举措取得重大成效，得到大学生的普遍认同，思政课主渠道、主阵地作用得到了较大程度的发挥。数据显示，在持认同态度的大学生中，对课程内容“非常认同”的比例最高，而在“一般认同”中对教师素质和教学方法认同的比例较高，“不认同”主要是针对“学习收获”而言的。认同的原因在于课程内容主要表现形式为教材。党中央在实施马克思主义理论研究和建设工程过程中，将高质量教材建设作为重大项目和核心工作来抓，集中全国力量组建了马克思主义理论研究和建设专家团队，反复研究修订教材。课程内容得到学生广泛认同是统一使用“马工程”教材的显著成效。“非常认同”的学生对课程内容的认同度较高，再依次是教师素质、教学方法、学习收

获。“非常认同”和“不认同”的大学生均表现出对“学习收获”评价较低的倾向，表明思政课在进大学生头脑方面还有改进和提升的空间，还存在不能满足大学生需求的方面，这也进一步说明，思政课建设成效虽然在课程内容、教师素质、教学方法方面都有所提高，但大学生的学习收获并不显著，需要深入研究，以加强思政课建设。

表 3.11　新时代大学生对思政课认同态度统计结果（N=4315）

		频数	百分比/%
整体来说，你对思政课的认同态度是什么	认同	3105	72.0
	一般	1174	27.2
	不认同	36	0.8

表 3.12　新时代大学生对思政课认同四维度统计结果（平均值总分=5） 单位：%

	很不认同	不认同	一般	认同	非常认同	平均值
课程内容	0.72	0.31	6.42	49.59	42.95	4.34
教师素质	0.60	0.46	11.11	61.84	25.99	4.12
教学方法	0.81	0.84	15.64	63.34	19.37	4.00
学习收获	1.06	1.10	20.17	66.48	11.19	3.86

表 3.13　课程认同各维度的总体认同水平统计表（百分比、均值）

	N	极差	最小值	最大值	均值	标准差
学习收获	4315	3.89	1.00	4.89	3.86	0.51
课程内容	4315	4.00	1.00	5.00	4.34	0.61
教学方法	4315	4.00	1.00	5.00	4.00	0.55
教师素质	4315	4.00	1.00	5.00	4.12	0.56

3.2.2 内容认同度最高

表3.14显示，大学生对马克思主义理论，对中国特色社会主义道路、理论、制度和文化的各项优势和特征高度认同，认同度均在90%以上。其中对"依法治国"和"德才兼备的选人用人育人观"的认同度在99%以上。有学者研究认为，"政治认同是公民主体对政治客体所作出的主动性的评价与认知，它既是一种心理的、情感的体验，也是一种实践过程"①。作为承载中国特色社会主义制度内涵的思政课课程内容，在一定程度上与大学生政治认同的内涵具有同一性，大学生对课程内容的高度认同正是大学生政治认同的直接体现，这也与众多学者的研究结果一致，反映出作为主渠道的思政课在落实立德树人根本任务上已经取得了比较显著的成效，发挥了关键课程的作用。

表3.14 课程内容维度统计结果(平均值总分=5) 单位：%

测量指标	很不认同	不认同	一般	认同	非常认同	平均值
依法治国	0.7	0.2	5.6	47.8	45.7	4.38
社会主义基本经济制度	0.7	0.3	7.1	52.9	39.0	4.29
构建人类命运共同体	0.6	0.4	6.0	48.5	44.5	4.36
德才兼备的选人用人育人观	0.6	0.3	7.2	49.9	42.0	4.32
中华民族的共同理想信念	0.7	0.3	6.0	50.0	43.1	4.34
改革创新，与时俱进	0.7	0.3	5.4	48.5	45.1	4.37
人民当家作主	0.8	0.3	6.6	49.1	43.2	4.34
中国共产党的集中统一领导	0.9	0.2	7.6	52.2	39.1	4.28
各民族一律平等	0.8	0.5	6.3	47.6	44.8	4.35

① 张红建. 中国共产党意识形态与政治认同研究[D]. 北京：中共中央党校，2019.

3.2.3　方法认同度较高

表 3.15 显示，在诸多教学方法中，大学生对“案例教学法”的认同比例最高，达到了 98.9%，认同度平均值为 4.09；其他依次为“实践体验教学法”“情景模拟教学法”“专题教学法”；对“研究讨论教学法”的认同情况相对较低，为 97.9%，平均值为 3.92，且不认同的比例略高。这一方面说明思政课教学方法的改革和创新得到大学生的欢迎和肯定，另一方面说明大学生自身的思想政治理论旨趣仍待培养和加强，学生提出的问题需要思政课教师给予有启发、有深度、有说服力的指导。

表 3.15　教学方法维度统计结果（平均值总分=5）　单位：%

测量指标	很不认同	不认同	一般	认同	非常认同	平均值
案例教学法	0.7	0.4	11.2	64.3	23.4	4.09
实践体验教学法	0.9	1.0	15.4	61.7	21.0	4.01
情景模拟教学法	1.0	1.1	16.6	61.2	20.2	3.99
专题教学法	0.6	0.6	16.0	66.4	16.4	3.97
研究讨论教学法	0.9	1.2	19.0	63.1	15.7	3.92

3.2.4　教师认同度次高

表 3.16 表明，大学生对思政课教师素质总体认同度较高，其中对“思想政治素质”认同度最高，均值达到 4.20；“扎实的专业基础”为次之，“对课程内容把握的广度和深度”和“人文社科知识储备和基本素养”再次，说明大学生对思政课教师的思想政治素质和基本教学能力充分肯定。

表 3.16 教师素质维度统计结果(平均值总分=5) 单位：%

测量指标	很不认同	不认同	一般	认同	非常认同	平均值
思想政治素质	0.6	0.3	7.8	61.3	29.9	4.20
扎实的专业基础	0.6	0.3	9.5	60.3	29.3	4.17
对课程内容把握的广度和深度	0.6	0.5	10.0	60.0	28.9	4.16
人文社科知识储备和基本素养	0.6	0.3	9.5	62.1	27.5	4.16
语言表达能力	0.6	0.4	10.0	62.1	26.9	4.14
联系实际教学的能力	0.6	0.5	10.6	60.5	27.8	4.14
教学方法的运用能力	0.6	0.5	12.4	62.6	24.0	4.09
课堂组织教学的能力	0.7	0.4	12.7	62.1	24.1	4.09
媒体技术应用能力	0.5	0.5	13.6	64.2	21.2	4.05
科学研究能力	0.6	0.8	15.0	63.3	20.3	4.02

3.2.5 学习收获感也高

表 3.17 表明，大学生思政课学习收获普遍向好，认同度达到 97%以上。98.6%的大学生认同“树立了正确的理想信念”，98.3%的学生认同“树立了社会主义核心价值观”“树立了法治意识”，同时 98.4%的学生认为“养成了良好的社会行为习惯”，说明大学生普遍认同思政课提升思想观念和规范行为的作用；在理论学习方面，对“解开了对于世情、国情、党情的困惑”“形成了对马克思主义理论的科学认识”“增强了运用习近平新时代中国特色社会主义思想分析问题和解决问题的能力”“掌握了分析问题和解决问题的方法”的认同比例分别为 97.6%、97.6%、97.2%、97.3%，说明思政课基本达到了用习近平新时代中国特色社会主义思想铸魂育人的基本目标。但是，为什么大学生对思政课的学习收获评价不如其他维度高，尤其在“掌握了分析问题和解决问题的方法”方面不尽如人意呢？这是思政课建设中值得关注的一个问题。

表 3.17　学习收获维度统计结果(平均值总分=5)　　单位：%

测量指标	很不认同	不认同	一般	认同	非常认同	平均值
树立了正确的理想信念	1.0	0.4	14.4	69.2	14.9	3.97
树立了社会主义核心价值观	1.1	0.6	15.8	65.8	16.7	3.96
树立了法治意识	0.9	0.9	15.1	68.5	14.6	3.95
养成了良好的社会行为习惯	0.9	0.7	17.1	68.6	12.7	3.91
解开了对于世情、国情、党情的困惑	1.2	1.2	20.3	67.2	10.1	3.84
形成了对马克思主义理论的科学认识	1.0	1.4	23.9	65.5	8.2	3.78
增强了运用习近平新时代中国特色社会主义思想分析问题和解决问题的能力	1.1	1.7	23.9	64.8	8.5	3.78
增强了“四个自信”	1.2	1.4	25.2	64.4	7.8	3.76
掌握了分析问题和解决问题的方法	1.1	1.6	25.8	64.3	7.2	3.75

综上所述，新时代大学生对思政课有较高的认同度，但在课程满足学生成长发展的需要和期待方面还需进一步提升。随着媒体技术的广泛发展和中国特色社会主义伟大实践成就的不断丰富，大学生对思政课的需求和期待朝着“精练、简明、通透”等更高的方向发展。大学生思政课认同问题是一个随着时代进步而不断发展的动态问题，对其进行深入的分析与科学的研究，就需要运用马克思历史唯物主义的基本方法进行系统化考量。

3.3 新时代大学生思政课认同存在的问题

3.3.1 理论获得感相对较低

调查显示，在学习收获维度，尚有近三成的大学生不认同在“形成了对马克思主义理论的科学认识”(26.3%)、“掌握了分析问题和解决问题的方法”(28.6%)、“增强了运用习近平新时代中国特色社会主义思想分析问题和解决问题的能力”(26.6%)等方面有获得感。高校思政课是经由知识教育的意识形态教育，把马克思主义理论的科学认知作为知识性的理论教育。只有习得马克思主义基本理论，掌握理论应用的方法，并付诸实践，提高自身理论批判能力，才能实现思政课育人目标，实现“理论掌握群众”。

新时代大学生思政课教学内容理论阐述的深入性、透彻性体现不够充分，使学生对马克思主义理论知识的认知、理论方法的运用、理论批判能力的锻炼的需求没有得到足够的满足。这个结论与邓晖等(2022)的思政课“偏重运用丰富手段，说理分析不够深入”①的观点一致。翁铁慧(2020)认为有的教师采用心灵鸡汤式的语言开展教学，缺乏深度，很难从“亲其师”上升到“信其道”；有的教师为感染学生，教学慷慨激昂，但由于未彰显理论的魅

① 邓晖，周世祥.写好立德树人“大文章”[N].光明日报，2022-03-18(7).

力，无法达到入脑入心的效果[①]。本研究通过问卷调研，实证了这一问题的存在。从数据分析和学术研究成果印证可知，大学生思政课的学习诉求还没有得到充分的回应，满足的程度有待提高，对学习收获的认同仍有提升空间。“获得感”自 2015 年 2 月习近平总书记在中央全面深化改革领导小组会议讲话中被提后开始进入人们的视野，此后，它已然成为评价质量与效果的一把标尺。大学生对思政课的获得感，就是大学生对思政课教学质量和效果的评价。

3.3.2　部分内容相对较低

本研究采用典型例证的方法，针对调研的基本状况，围绕大学生民族观教育内容进行研究。调研数据显示，大学生对“各民族一律平等”存在“不认同”情况相对较多一点，占 1.3%，在课程内容维度的 9 项测量指标中，“不认同”占比最高，表明对大学生民族观的教育还应改进和加强。

作为时代新人的大学生是中国特色社会主义事业的承继者。通过社会主义核心价值观和价值体系教育，提升各族人民的国家认同、民族共同体认同、文化认同、道路认同，从而实现树牢祖国观、民族观的目标[②]。在长期的教育实践中，马克思主义民族观教育已经积累了宝贵的经验，取得了显著的成效。学生的思想和行为总体表现积极、健康、向上，本研究的调查数据也证实了这一点，但那 1.3%的比例我们仍不可忽视，深入分析存在问题的原因是改进加强的前提。本研究与林钧昌等人(2021)关于中华民族共同体意识的研究结论一致，他们通过调研发现，近三分之一的大学生并不了解中华民族共同体的相关内容[③]。

---

① 翁铁慧. 加快推进高质量马克思主义理论教育体系建设[J]. 高校马克思主义理论教育研究，2020(1)：8-11.

② 习近平. 在庆祝中国人民政治协商会议成立 65 周年大会上的讲话[N]. 人民日报，2014-09-22(2).

③ 林钧昌，张宏溧，赵民. 学习心理视域下铸牢大学生中华民族共同体意识路径探析[J]. 黑龙江民族丛刊，2021(6)：11-17.

可见，民族观教育在课程文本和课堂教学方面仍存在亟待解决的问题。同时，透过现象看本质，大学生对民族观教学的评价，反映出思政课教学在课程内容阐释的深刻性、透彻性方面仍有待提高，在教材体系向教学体系和学生认知体系转化方面亟待加强。

3.3.3 方法创新相对较低

在对教师课堂教学和思政课课堂进行评价的调研结果中，数据显示，学生认为教师的教学方式方法仍存在不同程度的问题。32.9%的大学生认为思政课教学过程中仍存在“总体教学内容照本宣科”的现象；“教学案例脱离学生实际”占比24.7%；“教学手段单一，很少使用多媒体资源”占比23.2%；29.1%的学生认为思政课“概念理论太抽象，晦涩难懂”；32.2%的学生认为“师生很少互动，气氛沉闷”；19.7%的学生认为思政课课堂存在“过度娱乐，教学目标不明确”的现象。这与沈壮海课题组(2018)的“教学方法在课程建设中处于薄弱环节，大学生对其评价远远低于师资水平和教学内容”①调研结果一致。本研究通过问卷调研，再次实证了这一问题的存在。

当代大学生个性张扬，思维活跃，对互联网有较强的沉浸性，“不喜欢板起脸的说教、不接受单向度的灌输”②，传统的说教教学已经与时代渐行渐远，符合学生接受与认知特点的主体化教学方法成为学生认同的新标准，充分互动的信息化教学新课堂成为学生认同的新期待，鉴于此，以学生为中心的教学观念仍需迅速强化，并应用于教学方式方法创新。

3.3.4 技术赋能相对较低

思政课教师的能力素质是提升课堂教学效果的核心要素，是提升思政课认同的重要生长点。大学生对思政课教师教学能力素质的认同度不高，认为

① 刘晓亮，沈壮海.关键课程发挥关键作用：基于2014—2018年高校思想政治理论课建设调查数据的分析[J].中国高等教育，2019(9)：27-30.

② 王易.推进新时代思想政治理论课高质量发展[J].红旗文稿，2022(6)：39-42.

教师课堂教学是影响认同的重要因素，尤其是有 24.1%的学生确信“教师人格魅力”是影响思政课认同的重要因素，还有 59%的大学生持“认同”态度。对教师素质维度的数据统计显示，大学生对思政课教师的“媒体技术应用能力”和“科学研究能力”认同情况相对较低，均值分别为 4.05 和 4.02，说明大学生对教师运用现代信息技术进行科研和教学创新的能力有较大期待。

当代大学生成长在信息技术突飞猛进发展，新媒体技术泛滥的时空场域。新媒体环境是新时代大学生基本的生活场域之一，教师利用媒体技术尤其是新媒体平台开展、深化教学成为大学生的重要诉求，因此，教师的信息化教学能力迫切需要提升。

3.4 新时代大学生思政课认同差异性分析

3.4.1 性别差异

学生性别在这里属于二分类变量，可以采用两独立样本 t 检验的方法进行差异分析(表 3.8)。

表 3.18 各研究变量在不同性别上的独立样本 t 检验分析

维度	性别	个案数	平均值	标准差	t	P
学习收获	男	1620	3.82	0.57	−2.996	0.003
	女	2695	3.88	0.48		
课程内容	男	1620	4.29	0.64	−3.889	0.000
	女	2695	4.37	0.60		
教学方法	男	1620	3.96	0.58	−3.233	0.001
	女	2695	4.02	0.54		
教师素质	男	1620	4.10	0.60	−1.835	0.067
	女	2695	4.13	0.54		

由表 3.18 可知，研究以学习收获、课程内容、教学方法、教师素质为因变量，以性别为分组变量，做独立样本 t 检验分析。结果表明，学习收获($t=-2.996$，$P<0.05$)、课程内容($t=-3.889$，$P<0.05$)、教学方法($t=-3.233$，$P<0.05$)在性别上均存在显著的差异性。从均值数据可知，在学习收获、课程内容、教学方法方面女生的认同度显著高于男生，在教师素质($t=-1.835$，$P>0.05$)方面则不存在显著的差异性，但从其 4.13 和 4.10 的

均值来看，仍可以发现女生的认同度高于男生。

3.4.2　身份差异

学生身份是否为学生干部在这里属于二分类变量，可以采用两独立样本 t 检验的方法进行差异分析(表 3.19)。

表 3.19　各研究变量在不同身份上的独立样本 t 检验分析

维度	是否为学生干部	个案数	平均值	标准差	t	P
学习收获	是	1436	3.88	0.53	2.126	0.034
	否	2879	3.84	0.50		
课程内容	是	1436	4.40	0.59	4.462	0.000
	否	2879	4.31	0.62		
教学方法	是	1436	4.03	0.56	2.787	0.005
	否	2879	3.98	0.55		
教师素质	是	1436	4.15	0.55	2.236	0.025
	否	2879	4.11	0.57		

由表 3.19 可知，研究以学习收获、课程内容、教学方法、教师素质为因变量，以是否为学生干部为分组变量，做独立样本 t 检验分析。结果表明，学习收获($t=2.126$，$P<0.05$)、课程内容($t=4.462$，$P<0.05$)、教学方法($t=2.787$，$P<0.05$)、教师素质($t=2.236$，$P<0.05$)在身份是否为学生干部上均存在显著的差异性，从均值数据可知，在学习收获、课程内容、教学方法、教师素质认同方面学生干部均比非学生干部显著高。沈壮海课题组曾运用交叉分析方法，研究发现学生干部对思政课教学“评价较高”①。这就提示

① 沈壮海，段立国. 2014 年度大学生思想政治状况分析：基于全国 30 所高校的调查[J]. 思想理论教育导刊，2015(8)：98-103.

我们，建设好在学生中具有一定影响力和传播力的学生干部队伍是提高大学生思政课认同的一个重要路径。

3.4.3 生源地差异

学生生源类别在这里属于二分类变量，可以采用两独立样本 t 检验的方法进行差异分析(表 3.20)。

表 3.20 各研究变量在不同生源上的独立样本 t 检验分析

维度	生源类别	个案数	平均值	标准差	t	P
学习收获	城镇	1826	3.85	0.55	−0.867	0.386
	农村	2489	3.86	0.49		
课程内容	城镇	1826	4.35	0.64	0.763	0.445
	农村	2489	4.33	0.60		
教学方法	城镇	1826	3.98	0.59	−1.261	0.207
	农村	2489	4.01	0.53		
教师素质	城镇	1826	4.13	0.60	0.667	0.505
	农村	2489	4.12	0.54		

由表 3.20 可知，研究以学习收获、课程内容、教学方法、教师素质为因变量，以学生的生源类别为分组变量，做独立样本 t 检验分析。结果表明，学习收获($t=-0.867$，$P>0.05$)、课程内容($t=0.763$，$P>0.05$)、教学方法($t=-1.261$，$P>0.05$)、教师素质($t=0.667$，$P>0.05$)在城镇与农村两种生源类别上均不存在显著的差异性。

3.4.4 年级差异

学生年级分布在这里属于多分类变量，可以采用多独立样本中位数检验的非参数检验方法进行组间差异分析(表 3.21)。

表 3.21　各研究变量在不同年级上的差异检验

维度	年级	分位数			中位数检验		差异显著的组合
		下四分位数	中位数	上四分位数	统计量	P	
学习收获	大一	3.67	4.00	4.00	10.853	0.013	大一-大四 大二-大四
	大二	3.67	4.00	4.00			
	大三	3.78	4.00	4.00			
	大四	3.56	4.00	4.11			
课程内容	大一	4.00	4.00	5.00	13.389	0.004	大一-大四
	大二	4.00	4.22	5.00			
	大三	4.00	4.22	5.00			
	大四	4.00	4.44	5.00			
教学方法	大一	4.00	4.00	4.20	14.395	0.002	大一-大四
	大二	3.80	4.00	4.20			
	大三	4.00	4.00	4.20			
	大四	3.80	4.00	4.40			
教师素质	大一	4.00	4.00	4.40	4.806	0.187	—
	大二	4.00	4.00	4.50			
	大三	4.00	4.00	4.40			
	大四	4.00	4.00	4.40			

由表 3.21 可知，学习收获($P=0.013$，$P<0.05$)、课程内容($P=0.004$，$P<0.05$)和教学方法($P=0.002$，$P<0.05$)在不同年级间差异显著，且差异显著的组合均与大四相对，这符合当前大学生社会化成长实际，符合人的认识活动发展的规律，学生年级越高，对课程认知的程度越高，对思政课整体内容体系认知越清晰。这也表明思政课教学处于稳定发展的良好态势，学生已经形成了较为稳定的认同心理。尤其是课程内容的分析数据，清晰地反映出学生随着年级的提高，课程认同度在稳步提高。而教师素质变量($P=0.187$，$P>0.05$)在不同年级间不存在显著差异，主要是因为不同年级思政课教师不同，具体课程也不同。这里的差异性拐点，正是我们需要进一步深入研究的

问题。为什么大四的时候会出现认同度的小幅度下降？或许是因为大四学生面临即将步入社会的思想准备问题，或许是因为大四学生面临就业择业的现实选择问题。不管如何，这都必须引起我们的高度重视，处理好这一问题，不仅能提升大学生思政课认同，还可以更好地完成育人工作，满足大学生社会化成长的诉求与期待。

3.4.5 专业差异

学科专业属于多分类变量，本研究采用多独立样本中位数检验的非参数检验方法进行组间差异分析(表3.22)。

表3.22 各研究变量在不同学科专业上的差异检验

<table>
<tr><th rowspan="2">维度</th><th rowspan="2">学科专业</th><th colspan="3">分位数</th><th colspan="2">中位数检验</th><th rowspan="2">差异显著的组合</th></tr>
<tr><th>下四分位数</th><th>中位数</th><th>上四分位数</th><th>统计量</th><th>P</th></tr>
<tr><td rowspan="4">学习收获</td><td>文史类</td><td>3.78</td><td>4.00</td><td>4.00</td><td rowspan="4">12.947</td><td rowspan="4">0.005</td><td rowspan="4">理科类-工科类</td></tr>
<tr><td>理科类</td><td>3.67</td><td>4.00</td><td>4.00</td></tr>
<tr><td>工科类</td><td>3.67</td><td>4.00</td><td>4.11</td></tr>
<tr><td>艺术体育类</td><td>3.78</td><td>4.00</td><td>4.00</td></tr>
<tr><td rowspan="4">课程内容</td><td>文史类</td><td>4.00</td><td>4.22</td><td>5.00</td><td rowspan="4">12.678</td><td rowspan="4">0.005</td><td rowspan="4">艺术体育类-工科类
理科类-工科类</td></tr>
<tr><td>理科类</td><td>4.00</td><td>4.11</td><td>5.00</td></tr>
<tr><td>工科类</td><td>4.00</td><td>4.33</td><td>5.00</td></tr>
<tr><td>艺术体育类</td><td>4.00</td><td>4.00</td><td>4.89</td></tr>
<tr><td rowspan="4">教学方法</td><td>文史类</td><td>4.00</td><td>4.00</td><td>4.20</td><td rowspan="4">15.217</td><td rowspan="4">0.002</td><td rowspan="4">理科类-工科类</td></tr>
<tr><td>理科类</td><td>3.80</td><td>4.00</td><td>4.20</td></tr>
<tr><td>工科类</td><td>3.80</td><td>4.00</td><td>4.20</td></tr>
<tr><td>艺术体育类</td><td>4.00</td><td>4.00</td><td>4.20</td></tr>
<tr><td rowspan="4">教师素质</td><td>文史类</td><td>4.00</td><td>4.00</td><td>4.40</td><td rowspan="4">27.954</td><td rowspan="4"><0.001</td><td rowspan="4">文史类-工科类
理科类-工科类
工科类-艺术体育类</td></tr>
<tr><td>理科类</td><td>4.00</td><td>4.00</td><td>4.40</td></tr>
<tr><td>工科类</td><td>4.00</td><td>4.00</td><td>4.60</td></tr>
<tr><td>艺术体育类</td><td>4.00</td><td>4.00</td><td>4.40</td></tr>
</table>

由表 3.22 中渐进显著性 P 值可知，学习收获（$P<0.01$）、课程内容（$P<0.01$）、教学方法（$P<0.01$）、教师素质（$P<0.001$）四个变量在学科专业上均存在显著差异。综合各维度都呈现出的与工科类专业差异显著的组合情况，思政课认同在学科专业上呈现出工科类学生认同度更高的特点，这与沈壮海等（2015）①、邢鹏飞（2019）②的调研发现是相同的。可见，不同学科专业的大学生对思政课认同存在显著差异。这对思政课教学改革创新，提升针对性，具有重要的参考价值。

3.4.6　高校所在地差异

样本的地区分布属于多分类变量，本研究采用多独立样本中位数检验的非参数检验方法进行组间差异分析（表 3.23）。

表 3.23　各研究变量在不同院校地域上的差异检验

维度	地区	分位数			中位数检验		差异显著的组合
		下四分位数	中位数	上四分位数	统计量	P	
学习收获	华北	3.78	4.00	4.00	20.779	<0.001	华南-东北 华南-华东 西北-华东
	东北	3.78	4.00	4.11			
	华东	3.67	4.00	4.11			
	华南	3.56	3.89	4.00			
	西南	3.78	4.00	4.00			
	西北	3.78	4.00	4.00			

① 沈壮海，段立国. 2014 年度大学生思想政治状况分析：基于全国 30 所高校的调查[J]. 思想理论教育导刊，2015(8)：98-103.

② 邢鹏飞. 大学生中国特色社会主义理论体系认同研究[M]. 北京：社会科学文献出版社，2019.

续表3.23

维度	地区	分位数			中位数检验		差异显著的组合
		下四分位数	中位数	上四分位数	统计量	P	
课程内容	华北	4.00	4.11	5.00	24.990	<0.001	西北-华东 西北-华南 东北-华南 东北-华东 西南-华南
	东北	4.00	4.11	5.00			
	华东	4.00	4.33	5.00			
	华南	4.00	4.44	5.00			
	西南	4.00	4.11	5.00			
	西北	4.00	4.00	5.00			
教学方法	华北	3.80	4.00	4.20	3.669	0.598	—
	东北	4.00	4.00	4.20			
	华东	3.80	4.00	4.20			
	华南	3.80	4.00	4.20			
	西南	4.00	4.00	4.20			
	西北	4.00	4.00	4.20			
教师素质	华北	4.00	4.00	4.40	29.767	<0.001	华东-西北 东北-西北 华东-西南
	东北	4.00	4.00	4.50			
	华东	4.00	4.00	4.60			
	华南	3.90	4.00	4.50			
	西南	4.00	4.00	4.30			
	西北	4.00	4.00	4.40			

由表3.23中渐进显著性 P 值可知，学习收获（$P<0.001$）、课程内容（$P<0.001$）、教师素质（$P<0.001$）三个变量在地区分布上存在显著差异。从差异显著的组合综合分析，学习收获维度整体上的认同情况是华南地区偏低；课程内容维度整体上的认同情况是华南、华东等东部地区高于西部地

区；教师素质与课程内容维度相同，均是东高西低的态势，主要原因在于东部地区经济社会发展情况总体优于西部地区，一方面东部地区的大学生对课程内容的社会呈现有真切的体会和感知，另一方面东部良好的经济社会发展环境吸引着大批优秀教师。也正因为如此，学生思政课认同在地区间呈现出整体上与地区经济社会发展程度趋同的走向。

3.5 新时代大学生思政课认同状况形成原因分析

习近平总书记考察中国人民大学时指出，“思政课的本质是讲道理”“把道理讲深、讲透、讲活”①。讲深，就是要讲得深刻，不能浅显，浮于表面，浅尝辄止不行，这就要求我们要旁征博引，讲古今发展，讲中外对比，善用“大思政课”，以开阔的视野讲好中国故事、中国理论；讲透，就是要讲得透彻，不能模糊，朦朦胧胧，这就要求我们要有扎实的马克思主义理论功底，用透彻的学理分析为学生答疑解惑，满足学生的理论诉求，回应学生的理论关切；用马克思主义理论的彻底性浇铸思想的头脑，以达到“说服人”的效果；用马克思主义真理的强大魅力来感召学生，切实起到引导作用；讲活，就是要讲得有活力，不能枯燥、僵化死板，干干巴巴不行，这就要求我们要坚持“术”“学”“道”的统一，创新教学方式方法。讲深讲透指向获得感，讲活指向体验感，学生的获得感和体验感就是我们分析大学生思政课认同存在问题的原因的重要切入点。

3.5.1 理论阐释的透彻性不足

马克思主义理论是大学生的“金钥匙”，正如习近平总书记所说，“掌握

---

① 习近平. 坚持党的领导传承红色基因扎根中国大地　走出一条建设中国特色世界一流大学新路[N]. 人民日报，2022-04-26(1).

了这把总钥匙，再来看看社会万象、人生历程，一切是非、正误、主次，一切真假、善恶、美丑，自然就洞若观火、清澈明了，自然就能作出正确判断、作出正确选择”[①]。而包含马克思主义理论教学的思政课教学正是大学生科学认识和使用“金钥匙”的关键环节，对大学生的理论收获极其重要。之所以存在理论获得感相对较低的问题，主要是理论阐释的透彻性不够，可以从三个方面来分析。

首先，思政课教师用学术讲政治的能力亟待提升。“政治性和学理性相统一”，是对思政课教师的新要求，是新时代思政课教师搞好思政课教学的重要指导和遵循，要求思政课教师摒弃传统教学中政治与学术相剥离的情态，实践用学术讲政治的基本理念。教师是讲好思政课的关键，就大学生的理论获得感而言，关键之处就在于教师的马克思主义理论教学能力与水平。当前，仍然存在的问题是有的教师“有理”不“讲理”，有的教师“讲理”讲不透。“有理”不“讲理”主要是没有把“理”讲出来，对思政课教学内容缺少学理性分析，使教学缺失理论的魅力，缺少真理的味道；“讲理”讲不透主要是教师对马克思主义理论掌握得不扎实，不能将马克思主义理论深入浅出地应用于课堂教学。教师既要“真信”马克思主义，又要“真懂”马克思主义，要具备扎实的马克思主义理论功底，以深厚的理论功底吸引学生，从而提高学生的理论获得感，得到学生的高度认同。这里的“真讲”就包含用学术讲政治的内涵。政治性是思政课的鲜明属性，如果不能用学术讲政治，阐明政治的学理性，就会使教学具有单一性。缺少理论支撑的教学不具备彻底性，学生不仅不会感到“解渴”，还会感到枯燥乏味疏离。“批判的武器当然不能代替武器的批判，物质力量只能用物质力量来摧毁；但是理论一经掌握群众，也会变成物质力量。”[②]因此，思政课教师用学术讲政治的能力直接影响学生的理论获得感，“有理”不“讲理”，“讲理”讲不透，都不能得到学生的广泛认同。

---

① 习近平. 习近平谈治国理政：第一卷[M]. 北京：外文出版社，2018.

② 中共中央马克思恩格斯列宁斯大林著作编译局. 马克思恩格斯文集：第一卷[M]. 北京：人民出版社，2009.

这就要求思政课教师在整体上深刻理解马克思主义基本原理，在整体上提高自身理论素养的同时，构建用学术讲政治的基本教学理念，以提升用学术讲政治的能力。

其次，学理性阐释的主体性不强，没有抓住作为人根本的“人本身”。教育的对象是人，不能脱离学生主体本身去开展育人实践。大学生思政课不能离开大学生谈教学。“主导性和主体性相统一”，是新时代思政课教学的新要求，是新时代思政课教师搞好思政课教学的重要指导和遵循，要求思政课教师充分重视以学生为中心，从现实人、真实人以及主体人的角度探究与实践思政课教学。思政课获得感是从以受教育者作为主体的视角出发的，是受教育者的获得感。如果教育者对受教育者的“本身”理解得不彻底，那么教育的彻底性就无法达成，学生缺少获得感，认同度自然受到影响。因此，需要从“人本身”的视角出发，去全面理解“思政课获得感”的本质规定。大学生思政课获得感就是大学生在思政课课程学习实践中因感知感悟感受到有所得，“产生的一种正向的主观感受”①，是“对教育的内容、过程、目标、方法等在心理感受上和思想觉悟上有所收获”②。学生在思政课学习中的获得感是通过课程学习，对自身素质能力提升的认知和评价，是大学生自身的自由追求。对这种主体“为我关系”自由实践活动的深刻认知，是思政课深入开展理论教学的基础和前提。主体性原则是思政课的基本原则，也是习近平总书记指出的“主导性和主体性相统一”的基本要求。根据马克思“人是有意识的实践主体”的观点，大学生思政课理论获得感相对较低，是由于其自身自由追求的主体性力量未能得到有效激发形成，这种主体性力量即主体的内在需要，“内在需要是思想政治教育获得感生成的动力源泉，它从根本上关系着思想政治教育获得感的生成”③。正如马克思所述，“理论只要说服人，就能

① 王易，茹奕蓓. 论思想政治教育获得感及其提升[J]. 思想理论教育导刊，2019(3)：107-112.

② 张守连，张星亮. 大学生思想政治教育获得感的心理机制和提升路径探析[J]. 学校党建与思想教育，2021(14)：85-87.

③ 同①.

掌握群众；而理论只要彻底，就能说服人。所谓彻底，就是抓住事物的根本。而人的根本就是人本身"①。当前大学生思政课内容的理论性建设步伐稍显迟缓，这是影响教学质量提升的短板。欲增强思政课教学内容的理论性，就要让教学回到对理论内容、理论逻辑和实践的解释力上，通过不断增加理论性教学内容的供给，重视学生的理论化学习需求，开展围绕理论内容的教学方式创新，全面提升教育教学质量和水平。

最后，学理性阐释的实践指向性不强，使教学缺少针对性，理论枯燥乏力。课堂教学内容的理论阐释未能与大学生的生活同频共振，指向社会生活实际与大学生思想特点的理论阐释少，甚至陷入苏格拉底的"助产术式"的论辩。"全部社会生活在本质上是实践的"②。"哲学家们过去只是用不同的方式解释世界，而问题在于改变世界"③。在除课堂外的思想政治教育场域中，各种不同的信息影响着大学生，思政课课堂只有积极面对和引入大学生日常遇到的各类社会现象和生活问题，为学生答疑解惑，积极回应社会关切，积极回应学生内心诉求，才能不断提高学生的课程认同，否则一旦与现实社会生活出现反差，就很难再获得学生的认同。中国人民大学人类学研究所赵旭东教授(2018)"作为自然而存在的人如何能够对他的本身就在变化的存在进行一种研究，却不是一般哲学家能够靠纯粹的思辨就能完全实现的，这引导着人们必须回到人的生活场景之中去"④的观点给我们同样的启示，思政课教学回到人的生活场景之中去，真真切切地针对学生传道授业解惑，才具有科学性。只有建立在生活实践基础上的理论论辩，才能得到学生的广泛认同，这必然要求思政课教学指向生活实践。中国化的马克思主义是马克思主义中国化时代化的理论成果，在中华大地扎根成长，已经产生了重大实践成果。实践是检验真理的唯一标准，引入中国特色社会主义的伟大实践成果例

①②③中共中央马克思恩格斯列宁斯大林著作编译局. 马克思恩格斯文集：第一卷[M]. 北京：人民出版社，2009.

④　赵旭东. 真正回到人的生活场景之中去：武汉大学朱炳祥教授新著《自我的解释》读后[J]. 西北民族研究，2018(3)：100-104.

证理论，充分运用马克思主义基本原理阐释中国特色社会主义的伟大实践成果，毋庸置疑，具有更强的说服力和感染力，可以提升大学生的理论认同和情感认同。

“要不断增强思想政治理论课的思想性、理论性和亲和力、针对性”是习近平总书记提出的重要论断和基本要求，精准抓住了思政课教学中存在的这些主要问题。“高校思想政治理论课的思想性、理论性和亲和力、针对性，都离不开学理性”①，以学理性提高思政课教学水平和效果是提升思政课认同的基本抓手，是提高学生理论获得感的关键。

3.5.2 内容涵盖的针对性不强

有学者对大学生中华民族共同体认知进行实证研究，发现“内容的关注度‘经常’占 26.1%；‘偶尔’占 59.6%；‘从未注意’占 14.3%”②，这表明新时代大学生对中华民族共同体关注得不够，而正处于“拔苗孕穗期”的大学生对民族理论和民族工作方针政策的准确理解和把握，有助于铸牢中华民族共同体意识，促进民族团结、稳定和安全。列宁通过分析自发性与自觉性的关系，指出：“工人本来也不可能有社会民主主义的意识。这种意识只能从外面灌输进去。”③革命的青年必须用理论武装起来，灌输原理给予了我们重要的方法论启示，就是要运用教育的手段深化大学生民族观教育。本研究实证得出的思政课教学大学生民族观教育有待进一步改进加强的问题，固然存在大学生对中华民族共同体关注度不高的原因，但其主要原因还是涵盖的教学内容针对性不强。

首先，时代性不强的民族观教育教学内容导致教学缺少吸引力。百年未有之大变局中诸多民族问题的复杂呈现，冲击着大学生的头脑。“人的本质

---

① 孙代尧. 以学理性增强高校思想政治理论课的实效性[J]. 思想教育研究，2020(4)：121-124.

② 林钧昌，张宏溧，赵民. 学习心理视域下铸牢大学生中华民族共同体意识路径探析[J]. 黑龙江民族丛刊，2021(6)：11-17.

③ 中共中央马克思恩格斯列宁斯大林著作编译局. 列宁全集：第五十五卷[M]. 北京：人民出版社，2017.

并不是单个人所固有的抽象物，在其现实性上，它是一切社会关系的总和。”[①]人无时无刻不在广泛复杂的社会关系中，而新时代环境中激荡着的更加复杂的新情况和新问题，与各种社会文化思潮交融激荡，冲击着大学生的头脑，致使大学生的思维方式和价值观念也呈现出多样化和复杂化的特点。民族问题始终是意识形态的焦点问题，迭代升级的网络新媒体使杂糅着各种观点的民族信息复杂化，严重冲击着大学生的头脑，对思政课教学形成严重的干扰，如果思政课教学内容的时代性不强，就会影响大学生的认同。这必然要求民族观教育要有更强的时代感，以具有时代性的鲜活要素增强吸引力和针对性。有学者研究认为，我国大学生的民族观教育存在一定问题，如：教育形式和途径单一，教育内容缺乏实效性，缺少相应的材料支撑和案例教学[②]；课程设置滞后于实践的需要，不能满足对大学生正确民族意识形成的引导需求[③]；教育内容与教学方式方法的时代性不足[④]；非民族类院校较民族院校对民族观教育研究的欠缺，导致教育活动缺少鲜活且强有力的理论和方法支撑[⑤]。学界对民族观教育存在的问题，共同指向其时代性。“作为社会再生产的‘文化形式’，民族观教育的重点诠释与时代发展共律动。”[⑥]可见，大学生民族观教育具有很强的时代性，容易受到复杂环境与问题的冲击，只有“因事而化，因时而进，因势而新”[⑦]，才能应对民族观教育时代性的问题。有针对性的教育是提高教育实效的重要方式，只有不断赋予民族观教育以鲜

---

① 中共中央马克思恩格斯列宁斯大林著作编译局. 马克思恩格斯文集：第一卷[M]. 北京：人民出版社，2009.

② 钟俊生，李雪松，王伶. 当代大学生民族观教育问题探究[J]. 民族教育研究，2015，26(2)：35-38.

③ 蓝波涛. 高校民族观教育课程设置探究[J]. 民族教育研究，2013，24(2)：10-14.

④ 王冠文，王丹. 马克思主义民族观教育的时代性[J]. 贵州民族研究，2018，39(1)：217-220.

⑤ 邹日强. 马克思主义民族观教育的思考[J]. 河北大学学报(哲学社会科学版)，2013，38(4)：34-38.

⑥ 詹小美，李征. 民族观教育与铸牢中华民族共同体意识[J]. 思想理论教育，2019(1)：19-25.

⑦ 张烁. 把思想政治工作贯穿教育教学全过程　开创我国高等教育事业发展新局面[N]. 人民日报，2016-12-09(1).

明的大时空场域特征，即中华民族和中国新时代的时空场域，才能激活教育内容的教育力，不断提高当代大学生民族观教育的针对性。以习近平同志为核心的党中央提出中华民族共同体概念，深化了民族观教育理论和内容，推动了马克思主义民族理论和马克思主义中国化时代化伟大成果的融合发展，提出了一系列关于民族工作的新理念、新思想、新论断、新举措。思政课教材的编写具有阶段性特征，很难将发展着的民族观教育新思想、新理论及时编入。习近平总书记提出的“思政课教学内容要跟上时代”[①]，核心要求是“跟上时代”，就是强调其及时性。习近平新时代中国特色社会主义思想“三进”的要求也是及时性的体现，尽管高校和广大思政课教师付出了认真贯彻落实的努力，但限于院校层次、师资队伍、教学资源等不同因素的影响，民族观教育仍不同程度存在不能满足新时代大学生需要的问题，不能给予时代新人充分的民族观教育。发展着的民族观教育内容和变化着的教育对象都迫切要求民族观教育体现时代性。

其次，时代性不显著，无法激活大学生的学习内驱力。民族观教育的时代性，主要强调的是受教育者主体性和教育者主导性的问题。习近平总书记提出的“坚持主导性和主体性相统一”原则为思政课教学提供了重要的方法论指导。大学生的思维方式、心理特点和接受习惯都带有鲜明的时代烙印，有学者在研究大学生社会主义核心价值观认同时，运用调研和访谈法开展研究，认为“当前‘90后’‘00后’大学生思维方式微观具体，价值观理性务实，价值选择高度个人利益化，政治观念偏于疏离，对主流意识形态缺乏主动关注”[②]，呈现出较强的主体性特征。大学生具有的这些时代性特征，不仅决定民族观教育内容要具备时代性，而且要求教学方法具有时代性，否则将失去针对性。坚持师生互动，充分调动学生学习的主动性、积极性，这是大学生思政课建设的基本要求和原则。教育教学方法随着教育对象的变化而变化，是教育教学的基本规律。根据时代发展要求和社会实践变化的实际调整马

① 习近平. 思政课是落实立德树人根本任务的关键课程[J]. 求是，2020(17)：4-16.

② 邢鹏飞. 大学生中国特色社会主义理论体系认同研究[M]. 北京：社会科学文献出版社，2019.

克思主义民族观教育的方法，是受教育者时代性特征使然，也是教育规律使然。有学者研究认为，“大学生民族观教育的形式、途径单一”①，“在针对学生现实关注、针对学生身心实际、针对学生发展需要等方面，还存在不少提升的空间”②。当前，大学生思政课教材中不同程度涉及马克思主义民族理论、民族共同体理论、民族团结理论、民族解放和民族斗争思想、民族区域自治制度等相关内容。思政课教师要把这些内容讲深讲透，吸引大学生，激活其主体性，增加其收获，得到其认同，必然要从时代性的视角切入，把握好大学生的时代性特征。

最后，民族观教育内容的系统性不足，学生难以建构民族观知识体系。马克思主义民族观是民族观教育的基本指导思想，是一个融合平等、团结、发展的较为完备的理论体系，具有十分丰富的内容。马克思主义主张的人与人之间自由平等观点，同样适用于解决民族问题，是解决各种民族问题的基本原则和方法。马克思和恩格斯指出：“任何一个民族都永远不会优越于其他民族。”③邓小平根据我国民族关系的实际，提出了“社会主义的团结友爱、互助合作的新型民族关系”④。毛泽东提出民族区域自治制度，建立符合各民族实际的自治机关，行使自治权。习近平指出“各民族像石榴籽一样紧紧抱在一起”，铸牢中华民族共同体意识⑤。思政课教师在全面把握马克思主义民族观形成与发展规律的基础上，应加强对民族观的全面性、系统性的认知和理解，如果缺少全面的历史的认识和理解，就不能给予学生整体性的民族观教育，无法获得理想的教学效果，更得不到广大学生的认同。

---

① 钟俊生，李雪松，王伶. 当代大学生民族观教育问题探究[J]. 民族教育研究，2015，26(2)：35-38.

② 吴潜涛. 思想政治教育教学与研究[M]. 北京：中国人民大学出版社，2018.

③ 中共中央马克思恩格斯列宁斯大林著作编译局. 马克思恩格斯全集：第二卷[M]. 北京：人民出版社，1957.

④ 邓小平. 邓小平文选：第二卷[M]. 北京：人民出版社，1994.

⑤ 习近平. 决胜全面建成小康社会　夺取新时代中国特色社会主义伟大胜利[N]. 人民日报，2017-10-19(1).

3.5.3 方式方法的科学性不够

思想政治理论课教学方法具有历史发展性，随着历史发展而变化，随着时代的变迁不断创新。佘双好教授(2018)将其发展历程划分为新中国成立前、新中国成立初期、社会主义建设时期、“文化大革命”时期、“85方案”时期、“98方案”时期、“05方案”时期等七个时段[①]，系统研究了思政课教学方法的历史发展变化过程。进入新时代，大学生思政课教学内容、学情、教情等都发生了新的变化，教学方法需要适应变化的客观实际。习近平总书记提出“积极探索新时代教育教学方法”的基本要求，就是针对思政课教学内容、学情、教情的新变化提出的新要求。回顾大学生思政课教学发展的历程可以发现，教学方法为课程教学注入了新的活力，提高了教学实效，但专家专项调查显示，学生“对教学方法的评价相对较低”[②]。关键课程发挥关键作用，总是通过一定的方法来实现。方法对达成教育目标和实现育人效果具有重要价值。以习近平重要讲话精神为指导，深入研究教学方法的有效性，是疏通“堵点”，解决“难点”，推动思政课高质量发展的重要路径。在大学生思政课教学实践中，施教方法的有效性是指一种方法在既能够被教育者熟练运用，也能够被受教育者广泛认同的基础上，最大程度地实现教育目标的积极特性。沈壮海(2016)研究认为，施教方法在大学生思政教育过程中“扮演着纽带和中介的角色，这种角色内在地要求有效的思想政治教育方法必须具有多方面的适应性”[③]。教育教学方法的运用及效果受教育者自身知识结构与知识体系的直接影响，因此，教学方法具有对教育者的适应性；方法选择的依据和原则要以遵循受教育主体需求的身心成长规律为前提，具有满足受教育主体的适应性；方法为目的实现服务，其选用要以教育目的为重要依据，

---

① 佘双好. 思想政治理论课程教学法探析[M]. 北京：中国人民大学出版社，2018.

② 刘晓亮，沈壮海. 关键课程发挥关键作用：基于2014—2018年高校思想政治理论课建设调查数据的分析[J]. 中国高等教育，2019(9)：27-30.

③ 沈壮海. 思想政治教育有效性研究[M]. 武汉：武汉大学出版社，2016.

具有对教育目的的适应性。大学生思政课教学方法有效性与教育方法有效性的内涵具有同一性，因此，上述三个“适应性”可以视为判断思政课教学方法有效性的三个标准，以此为研究框架，可以分析教学方法效果评价存在差异的原因。

首先，对受教育者的主体性认识不足，未能满足受教育者的心理诉求。有效教学的前提是学生积极的“学习意愿”，对学生主体性的彰显。当前的教学方法不适应学生问题的解决，主要原因是学生的学习内驱力未能被激发，主观能动性未能充分激活。教学方法营造的民主、平等的课堂教学氛围不够浓厚，导致学生的主体地位没有得到充分彰显，学生参与教学活动的积极性得不到发挥。有效教学方法需要使每一名学生都有平等参与课堂学习与讨论交流的机会，能够充分激发学生踊跃参与学习活动的热情，提升学习过程中的积极性，增强学生的课堂学习体验。现代教学活动中，教师和学生的意志是同向同行的。教师的教学活动和学生的学习活动都指向学生成长的基本诉求，遵循基本规律，但有时受传统教学观念的影响，有的教师硬性灌输知识的痕迹还很明显。这种施教方式强化了教师的意志，削弱了学生的主体性，在学生主体性得不到充分尊重和发挥，学习的心理诉求一定程度上被搁置的情况下，很难使学生从思想心理上参与课程教学活动。本调查研究发现，学生之所以对案例教学法有较高的认同度，主要是因为案例教学法具有起承转合的故事性情节，以具体鲜活的故事性案例代替了枯燥抽象的理论灌输，活化了教学内容，强化了课堂主体，尤其是源于社会生活实践的时代性案例，更是便于学生角色带入，增强学习体验。“理论因走进学生的生活世界与实践高度融合而变得鲜活灵动”[①]，“将思政‘小课堂’同社会‘大课堂’结合起来，形成‘大思政’”[②]，这种理论与实际相联系的动态开放的教学方法，不仅易于向学生展示真实的，具有典型性的现实问题，还能为学生把课程学习所得外化到日常生活中的练习提供效仿，增强了学生用理论分析问题

① 吴艳东. 准、透、活：讲好思政课的三个着力点[J]. 思想理论教育导刊，2021(5)：92-95.

② 王晨. 新时代高校思政课守正创新探析[J]. 学校党建与思想教育，2021(14)：67-69.

的能力和解决问题的理论自觉，对激发学生学习兴趣，实现教学目标有很大的帮助。

其次，对教学方法的应用与特性认识不足，脱离教师自身实际。教学方法对教育者的适应性是指一种方法不仅便于应用操作，而且更容易实现教学目的。当前存在的教学方法不适应教师的问题，主要是教师对教学方法如何使用掌握得不够清晰熟练。在思政课教学中，教师只有知己知彼，对教学方法的独特内涵、特点、流程和不足清晰把握，才能够熟练使用它们，实现有效教学。教师有效教学的教学方法存在三个基本生成要素，即自身教学风格、教学方法的适用性、方法的认知度。第一，教学方法的有效性与教师的教学风格息息相关。思政课教师“教学风格的多样性是客观存在的……教学能力、审美情趣，从不同的方面以不同形式影响着教学的深度、广度、强度、速度、效度等”①。如果教师没有结合“自身真情实感，将马克思主义真理的精神要义融会贯通于每一个概念和案例的解读过程中”②，就会导致教学方法的有效性弱化。第二，不同教学方法具有不同的属性特点，适用于不同的教学类别。有的教学方法以建构知识图谱为主，培养学生的批判思维与能力，更适用于实践性教学；有的教学方法以阐释知识为主，培养知识认知，更适用于知识性教学；有的教学方法面向社会热点问题，以对重难点问题的理论阐释和引导为主，提高理论素养，更适用于理论性教学。第三，不同的教学方法在实施的各个阶段各有难易，通常都具有前期准备策划、把握与调控实施过程、总结评价与引导三个整体性的阶段。有效的教学方法与授课教师对课程内容的深刻理解息息相关，与授课教师的教学设计息息相关。如讨论式教学方法，学生囿于自身知识体系和生活经历的限制，有时会偏离教学目的，要求教师更加严格地调控与引导，以保证讨论紧紧围绕主题。案例不够典型、主题不够明确、教师的总结评价不深刻，以及缺少理论引导等成为教学方法有效性不佳的重要原因。

---

① 刘绍勤. 论教学风格的形成[J]. 中国高教研究，2001(2)：73-74.

② 谭培文，李云峰. 新时代思想政治理论课教师话语身份探析[J]. 现代教育管理，2020(8)：30-35.

最后，对教学目标的认识不足，教学效果不理想。夸美纽斯(1999)认为，学生毕业时自身没有得到完全的知识素养和信念的提升，大多只是记住了表面的知识，并没有建构起知识的框架和思想的体系，因为所学的东西“大部分只通过了他们的脑子，却没有牢固地固定在那里”①。他强调的就是教学的彻底性不够，主要原因在于教师对教学目标的认识不足，侧重于从知识层面认识教学目标、进行教学设计。思政课教学的彻底性不仅指学生对知识的理解度，还表现为教学内容的入脑入心，知识被“写入记忆”，融入思想，成为理想信念的支撑，并践履于社会实践。当前存在的教学方法不适应教学目的的问题，主要是教师未能清晰认识教学目标，存在对价值目标认知的模糊性。思想政治教育虽然有识记的知识内容，但其主要特点和突出特性是内容的思想性，是意识形态教育，以传播弘扬马克思主义科学理论为目标，具有很强的理论性和思想性。思想政治教育的过程需要从对知识的分析理解到“写入记忆”再到切身践行，而有效的教学方法是“把知识固定在记忆里面”的重要方式。此外，课堂教与学双方都还有一个较强的目的，就是通过课程的考核，作为阶段教与学的形式目标。课程考核作为课程教学效果评价最直接的方式，在教学方法的选择上发挥着指挥棒的作用。当前思政课考核方式还是偏重知识性，对其思想性和理论性的考核依然不充分或缺失。这虽然与思政课课程考核本身的复杂性有关，但更多的是对马克思主义理论教育这一教学目标的认识不够清晰，导致教学目标趋向知识性。课程教学目标的知识性取向直接影响了教师教学方法的正确选择。

3.5.4　教师能力存在单一性

所谓“单一性”，是指思政课教师过于依赖传统的讲授式教学方式，在守正创新方面存在短板，忽视了学生的时代性诉求，无法将传统教学方式与现代教学理念有机融合，使课堂教学呈现出单一的传统化教学模式，难以得到大学生的认同。教师只有走在时代前列，才能发挥思想引领的作用，发挥关

① 夸美纽斯. 大教学论[M]. 傅任敢，译，北京市：教育科学出版社，1999.

键课程的关键作用，这是由思政课的课程属性决定的。部分教师亦步亦趋，甚至一只脚迈入了新时代，另一只脚还留在“旧时代”，其育人理念、育人方式深陷于传统思维，被传统思维束缚，课堂教学失去生机与活力，无法得到学生的认同。思政课是系统传播马克思主义思想的课程，具有意识形态属性，其教育对象是具有主体性的现实生活中的人。马克思主义理论与时俱进的发展性和大学生思想特点随时代变化而变化的时代性，都要求思政课教师在双重变化中与时俱进，提升整体素质，走在时代前列。党的十八大以来，思政课建设稳步、快速改进和加强，发生了格局性变化，取得了历史性成就。在迅猛而深刻的发展变化面前，广大思政课教师能否及时跟上社会的节奏，跟上时代的步伐，跟上思政课改革创新的节拍，是思政课能否得到时代新人认同的重要环节。学界研究现状和本调查研究发现，思政课教师队伍建设得到了整体性的加强，但步伐还不够快，尚不能走在前列，“教师队伍不适应思想政治理论课改革发展需求，整体素质亟待提升”①。

首先，部分教师缺少坚实的教育理论基础，对教学规律认识不深刻。坚实的教育理论基础不仅是教师专业发展的基本条件，而且是教师顺利开展教育教学工作的前提和保障。新时代思政课立德树人关键课程的育人诉求，更要求教师对教育教学规律有深刻的认识和把握。具有较高马克思主义素养的硕士、博士毕业生刚刚走上思政课教师岗位，缺乏教师教育背景和从教经验，在教学理论和教学技能方面缺少系统的学习与训练，对教学规律和课程育人的认识尚不深刻。教师从自身马克思主义理论研究能力的优势出发来讲思政课，不免陷入理论的硬性灌输状态，导致教学枯燥乏味，难以获得学生认同。

其次，部分教师缺少对马克思主义理论的系统学习，对理论育人规律认识不深刻。教师对马克思主义理论的系统性把握是做好大学生思政课教学与科研工作的前提和基础。思政课承担着为社会主义建设者和接班人培根铸魂、启智润心的时代使命。马克思主义理论作为我们党的指导思想，是课

---

① 吴潜涛. 思想政治教育教学与研究[M]. 北京：中国人民大学出版社，2018.

程秉承的中心思想和内容，也是思政课教师做好育人工作，潜心学习并提升教学能力的重要内容。当前，在高校中，一些符合转岗条件但缺少坚实的马克思主义理论基础，对马克思主义缺少整体性理解和把握的教师是存在的，“教师选配和培养工作存在短板”[①]。尽管教育部、省级教育管理部门和高校都加强了培训和集体备课，但短时间内尚不能从根本上解决思政课教师专业理论素养的问题。要从根本上解决思政课教师的专业理论素养问题，还需要其在课程教学实践中，站在“民族复兴”“后继有人”的战略高度，深刻理解“让有信仰的人讲信仰”的深刻内涵和时代要求，系统学习好马克思主义理论，向成为马克思主义理论教育家的方向大踏步前进。

最后，部分教师缺少对智慧教育的深刻理解，信息化教学能力有待及时提高。现代信息技术的快速发展将教育带入智慧教育时代，使教师信息化教学能力成为智慧教育的关键和核心。马克思主义认为，科学技术是推动社会发展的重要动力。教育信息化作为推动教育改革的动力，已经成为国家教育高质量发展的战略之策，推动教育体系的重构和教师角色的转变。[②] 2019年，中共中央、国务院印发《中国教育现代化2035》，明确表示信息化时代，要加快教育变革步伐，要利用信息技术完善人才培养理念、内容、模式及方法，切实提升教育教学质量。[③] 媒体技术走入教育，走进课堂，迅速冲击课堂教与学模式，给“教情”带来了革命性影响，促使高校掀起了课堂教与学模式的改革创新。智慧教育呼唤教师提高新技术支持下的教学创新能力，包括智慧教学理念、智慧教学平台的应用能力，智慧教学资源的搜集整理、设计与开发能力，智慧教学研究能力等。在有效应对信息技术给教育教学带来的革命

① 新华社. 中共中央办公厅　国务院办公厅印发《关于深化新时代学校思想政治理论课改革创新的若干意见》[EB/OL].(2019-08-14). http://www.gov.cn/zhengce/2019-08/14/content_5421252.htm.

② 中华人民共和国教育部. 教育部关于印发《教育信息化2.0行动计划》的通知[EB/OL].(2018-04-18). http://www.moe.gov.cn/srcsite/A16/s3342/201804/t20180425_334188.html.

③ 新华社. 中共中央、国务院印发《中国教育现代化2035》[EB/OL].(2019-02-23). http://www.moe.gov.cn/jyb_xwfb/s6052/moe_838/201902/t20190223_370857.html.

性影响方面，我们还存在的“数字教育资源开发与服务能力不强，信息化学习环境建设与应用水平不高，教师信息技术应用能力基本具备但信息化教学创新能力尚显不足，信息技术与学科教学深度融合不够，高端研究和实践人才依然短缺”①的问题，这些都要求教师作出不同程度的针对性努力。学情的变化也要求教师熟练掌握现代教学技能，以更好地走近学生，得到学生认同。网络是大学生的重要生活场域，这要求思政课教师对这一新生活场域有足够的理解，并将相关技术和平台应用于教学，使学生在自己熟悉的场域中学习讨论，以提高思政课的亲和力和吸引力，提高思政课认同度。

---

① 中华人民共和国教育部. 教育部关于印发《教育信息化 2.0 行动计划》的通知[EB/OL].（2018-04-18）. http：//www. moe. gov. cn/srcsite/A16/s3342/201804/t20180425_334188. html.

第4章

新时代大学生思政课认同机理

学界已有研究认为，思想政治教育认同作为反映人们面对社会现实与正规教育，经过认真思考后所表现出来的态度，是思想政治教育需要首先达到的目标①。新时代大学生思政课是大学生思想政治教育的主渠道。将他们对思政课认同的实践过程作为一个观念系统来研究，认识其发生的微观机制、发展过程及调控方式对于认识新时代大学生思政课的教学规律，并深化对思想政治教育内在规律的认识具有重要价值。但是，就目前新时代大学生思政课认同机理的研究成果而言，这方面研究尚显薄弱。本章尝试从新时代大学生思政课认同的机理，包括生成的动力、发生发展的过程和评价与反馈机制等进行一定的探索与解读，以促进对新时代大学生思政课认同研究的深化。

---

① 陈锡敏. 认同：思想政治教育学的新范畴[J]. 教学与研究，2013(9)：106-112.

4.1　新时代大学生思政课认同生成的动力机制

马克思主义认为，认识来源于实践。社会认同来源于人们的社会生活实践，同样，新时代大学生思政课认同作为一种认识现象，也有一个由无到有、高低变化的过程。我们首先需要到认识的源头中去寻找，那么新时代大学生思政课认同产生的原因究竟是什么呢？本研究认为大学生自身社会化的主观需要、高等教育立德树人根本任务的客观需要及思政课教师的言传身教是原动力。

4.1.1　成于新时代大学生自身社会化的主观需要

在“大学生思政课认同”这一概念中，大学生是认同主体，其自身社会化需求是认同态度产生的根本原因。马克思主义认为“人的本质不是单个人所固有的抽象物，在其现实性上，它是一切社会关系的总和”①。社会属性是人的本质属性，人是社会人，人的成长是社会化的过程。大学生未来必将成为社会群体中的一员，从上大学那一天开始，就已成为一个准社会人，面临着走向社会和融入社会的蜕变过程。他们需要对自身所处的时代和未来的社

① 中共中央马克思恩格斯列宁斯大林著作编译局. 马克思恩格斯文集：第一卷[M]. 北京：人民出版社，2009.

会关系有一个基本判断，需要明确自身角色定位，认清自己，认识社会，需要补充和更新社会的时代文化，表现出社会成员所共有的特征，具有参与社会生活的能力与特性。

然而“拔苗孕穗期”的大学生心理发展没有完全成型，思想也没有完全达到成熟的状态，处于三观迅速形成与发展的重要阶段，处在准社会化阶段。大学生完成社会化过程本质的、客观的成长需要，督促他们寻求通过一定的途径和方式了解社会，习得社会文化，成为这个社会的一部分。因而，新时代大学生思政课认同生成的动力首先来源于大学生的社会化需求。认识和把握大学生社会化需求是提升新时代大学生思政课认同的本体论基础。准社会化大学生需要深刻理解人类社会发展规律，深刻理解社会生活交往规律，深刻理解人的思维发展变化规律；需要充分掌握揭示这些规律的科学理论，需要提升对这些科学理论的认知与实践能力，以此提升自身在未来千变万化的社会环境中生存与发展的能力，提升自身建设美好社会、美好生活的能力。这些价值取向，都需要大学生在思政课学习中进行学习和建构。

4.1.2 源于高等教育立德树人根本任务的客观需要

习近平总书记指出，高校立身之本在于立德树人。我们的高等教育就是要培养坚持四项基本原则并为之奋斗终身的有用人才。立德树人是中国共产党对高等教育职责与任务的规律性认识，是对高等教育内涵的深刻理解和人才培养目标的清晰定义，立什么德，树什么人是教育的根本问题。作为关键课程的思政课，其体系的建设和不断完善为新时代大学生思政课认同奠定了客观基础，提供了必要条件。

新时代大学生思政课目标和任务的确立，引领着大学生社会化的正确方向；思政课内容的阐释，完善了大学生社会化的素质结构内涵；大学生思政课的建制和治理方式，开辟了大学生社会化的途径，提供了成才支撑；思政课教师队伍的建设为大学生社会化提供了人生榜样和培育土壤。大学生思政课课程体系的设计和不断改进，为大学生开阔社会视野、树立远大理想、校准人生方向、厚植家国情怀、成为社会翘楚提供了外在动力和客观条件。

正如习近平总书记指出的，“全党要关心和爱护青年，为他们实现人生出彩搭建舞台”①。思政课所传达的习近平新时代中国特色社会主义思想，为新时代大学生提供了广阔的社会发展空间和成才沃土，成为提升其思政课认同的必要外驱力量。

4.1.3　得益于新时代高校思政课教师的言传身教

新时代高校思政课教师是党和国家思想意志的宣讲者，是先进思想文化的传播者，是党执政的坚定支持者，承担播化社会主流意识形态和守护主流意识形态阵地的重要职责，是学生健康成长的引领者。处于准社会化阶段的大学生亟须用科学理论武装头脑，以正确的“三观”认识社会，规划未来，服务社会，成长为社会需要的时代新人。新时代高校思政课教师作为马克思主义理论教育者，正是执行党和国家的要求，对大学生进行思想理论武装。新时代高校思政课教师在传道授业解惑、价值传递的过程中，将大学生（主体）与社会（客体）联结在一起，发挥了使大学生认同的内在动力与社会发展的外在要求相互促进的触媒作用。

新时代大学生思政课贯通大学生涯始终，遍排各学期，能够引导大学生认识世界，深入了解社会生活规范和社会发展规律、社会建设规律，提高大学生改造社会的能力，启智润心。新时代高校思政课教师自始至终伴随大学生学习全过程，是大学生成长成才的陪伴者，以良师益友的角色身份和大学生共同成长进步。一方面，新时代大学生在成长的过程中，受到社会各种思想文化的冲击，尤其是网络中夹杂的各种难辨真伪的冗余信息，时时需要思政课教师的解疑答惑，在一对一的具体解疑答惑中，师生成为良师益友；另一方面，新时代高校思政课教师在教学中以学生为中心，紧密围绕大学生关心的热点话题、疑难问题等解疑答惑，提升了教学针对性，让学生切身感受到思政课的“温度”，从而生成对思政课的认同。因此，教师在日常和课堂解疑答惑中，作为陪伴者为新时代大学生思政课认同的生发起到了催化作用。

① 习近平. 习近平谈治国理政：第三卷[M]. 北京：外文出版社，2020.

新时代高校思政课教师以德立身、以德立学、以德施教，是学生健康成长的示范者。示范者特殊的人格形象能够影响人的思想和行为。亲其师，信其道。新时代大学生在社会化过程中，时刻面对着价值选择和行为规范的指导需要。思政课教师作为学习和实践马克思主义的典范，有着鲜明的政治立场、坚定的理想信念，对所讲授的内容高度认同并时刻在生活实践中践行，其形成的具有真善美品质与追求的人格魅力，时刻给予大学生潜移默化的积极影响。新时代高校思政课教师以日常生活化的方式，促进大学生认同的内在动力和外在要求的统一。

4.2　新时代大学生思政课认同的过程机制

新时代大学生思政课认同自认知认同而发生，由情感认同而提升与深化，在知行合一的检验中得以与内心相融，从而形成较稳定的思想意识和稳定的心理状态。

4.2.1　认知认同

认知认同是指通过系统的知识学习和信息把握而产生的认同态度，是认同的重要机制和理性基础。新时代大学生思政课认知认同是大学生通过对思政课内容系统地学习把握而形成的认同。根据发生学原理，人的认识生发是人们作为主体来从事意识思维活动必需的内在能力结构的建构过程。感知—动作思维、形象—具体思维和符号—形式思维，则是这个建构过程中的几种主要水平或几个主要阶段①。大学生思政课通过系统的马克思主义理论教学为大学生培养内在思维能力打开了视野，奠定了理性基础。因而，认知认同具有引发出和过渡到后来的阶段的倾向和活力②，是整个认同过程机制的发端和基础。

本研究的调查数据显示，在新时代大学生思政课认同的四个维度中，课

①② 夏甄陶. 认识发生论[M]. 北京：人民出版社，1991.

程内容认同度最高，说明了认知认同在认同中的首要地位和基础作用。新时代大学生对马克思主义理论，对中国特色社会主义理论、制度、道路和文化的各项优势和特征高度认同，认同度均在 90%以上。其中对“依法治国”和“改革创新，与时俱进”持“非常认同”态度的占 99%以上。可见作为承载系统的马克思主义理论和中国特色社会主义理论体系科学内涵的新时代大学生思政课内容知识体系，能够为新时代大学生所普遍认同，是新时代大学生思政课认同的首要因素、主要内容、逻辑起点和理性基础，反映出作为主渠道的新时代大学生思政课在课程内容和教材建设等方面有显著的成效和关键作用。

新时代大学生通过对反映时代要求、科学理论和社会关怀的思政课课程内容的系统化学习，明确思政课对于自身成长成才需求的作用，理性思维的能力结构得以建构并巩固，从而坚定理想信念，确立正确的人生目标和态度，掌握正确的立场、观点和方法，以其作为判定社会人生各种复杂现象的价值标准，从而形成对思政课的认同、对科学理论的服膺。处于准社会化阶段的青年大学生处于人生发展的重要时期，面对学业、就业、爱情等方面的诸多问题，同时个性张扬，思维敏捷，情绪敏感，乐于关心和探讨社会现实问题、热点问题、难点问题，但对很多社会热点问题认不清本质，对很多生活问题不知其所以然，往往陷入迷茫，产生思想的困惑，此时的大学生迫切需要理论的指导。在此科学理论诉求的旺盛时期，思政课积极引导大学生运用马克思主义理论解答现实中的各种疑惑，破解思想困惑。在课程内容教学中对这些问题进行有针对性的回答和透彻的阐释，能够帮助大学生更好地认识社会、审视自身，提升自信心、主动性和创造性。因此，新时代大学生通过科学、系统、切实、透彻的思政课课程内容学习，促进了认知认同的生发，为后续情感认同、知行合一等机制的过程发展铺设了理性的道路。

4.2.2 情感认同

情感认同是指主体对客体的思想态度、实践取向、情绪情感、实践方式等符合主体自身需要时所产生的一种积极的、肯定的情绪体验，不仅包括主体对其的认可与接受，还包括主体将其自觉内化为自身的一部分。新时代大学生思政课情感认同是指新时代大学生在思政课满足自身社会化成长诉求的情况下，在思想情感上生成的一种和谐美好的心理与思想态度，在追求美好情绪情感体验的学习实践中逐步将其内化为自身的行为规范与道德素养。情感认同具有强大的激励和促进作用，对大学生思政课认同的发展起着重要作用，对认知认同和行为认同起着激励和调节作用，不仅增进和强化新时代大学生思政课认知认同，而且促进新时代大学生思政课行为认同。情感认同建立在认知认同的基础上，经由自身的社会化需要得到满足而深化和巩固，并最终走向行为认同。情感认同在完成认同的整个思想过程中，推动每一环节循环往复，实现前后的双向互动。虽然认知认同是新时代大学生思政课情感认同生发的前提，是其生成的首发点，但并不是生成了认知认同就一定会线性推进前行，没有各种要素的影响和催化，不会直接轻而易举地产生情感认同，只有当这种认知同大学生的社会化需要相结合，满足其成长成才的需要，才会形成对思政课积极的情感认同。具体来说，在大学生思政课教学中，课程内容、教学方式方法和教师的教学行为，如果符合大学生所认可并接受的要求，能助力其成长成才，就会产生积极的情绪体验，生成情感认同。新时代大学生思政课情感认同来源于新时代大学生社会化需要的满足。“需要的满足是人类对事物产生情感的必要条件。”①新时代大学生思政课纾解了大学生在准社会化阶段面临的青春萌动、理想信念确立、专业学习与全面发展、就业创业等诸多疑惑；纾解了大学生在准社会化阶段面对的各场域中复杂社会万象和自身人生学涯与职业生涯等历史性过程如何正确把握的困难；纾解了准社会化阶段大学生面对的社会与人生真假、善恶、美丑和是非、正误、主次正确判断与抉择的困难，契合大学生心理，激发大学生学习思政课的积极情绪。大学生社会化的需要是否在思政课的学习中被满足，直接决定其情感是否被唤醒和激发。思政课寓价值观引导于知识传授之中，给予学生正确的价值引领。新时代大学生思政课情感认同来源于思政课教学方式方

---

① 蓝波涛，陈淑丽. 社会主义核心价值观情感认同的实现路径[J]. 教学与研究，2018(5)：91-96.

法的创新。思政课是培根铸魂、启智润心的课程，不只是承担知识教育的任务，简单的知识教育很难激发大学生的情感认同，只有把课程内容通过生动形象的具体人物、事例，通过图像、音视频等多种表现形式呈现于课堂，才能让大学生“看得见”“摸得着”“信得过”，产生情感共鸣，激发情感认同。新时代大学生思政课情感认同也来源于马克思主义最忠实的追随者、倡导者和践行者——思政课教师的言传身教，他们以对马克思主义的不懈追求，对思政课教学的真切情感去感染感动感化大学生，这些都给予大学生真切的情感体验。“体验的出发点是情感，主体总是从自己的命运与遭遇，从内心的全部情感积累和先在感受出发去体验和揭示生命的意蕴；而体验的最后归结点也是情感，体验的结果常常是一种新的更深刻地把握了生命活动的情感的生成。”①课程内容的真理性体验，课堂学习的生动性体验，课程教学的针对性体验，教师教学的亲和力体验，都促使大学生产生情感共鸣，坚定信心和意志。

本研究数据表明，在新时代大学生思政课内容认同的四个维度中，教师素质、教学方法与课程内容同样处于较高的认同状态，说明教师素质与教学方法在认同中的重要的催化与调节作用。大学生思政课课程内容、教师素质和教学方法的认同度都在98%以上，说明新时代大学生思政课课程内容的更新、教育者综合能力的提升、施教方式的改革创新都得到了大学生的欢迎和肯定，很好地契合学生的接受心理，激发了学生的情感认同。感人心者，莫先乎情。列宁指出：“没有‘人的感情’，就从来没有也不可能有人对于真理的追求。”②据学者调查，学生喜不喜欢上一门课程，教师的魅力是其中一项重要的因素。教育者由综合素质能力形成的人格魅力对学生的示范引领和精神感召作用非常大。高校思政课课堂教学中师生之间的互动极其重要，尤其是贴近心灵、贴近生活、贴近专业的教学互动，更能赢得大学生的强烈喜

① 童庆炳. 现代心理美学[M]. 北京：中国社会科学出版社，2009.

② 中共中央马克思恩格斯列宁斯大林著作编译局. 列宁全集：第二十五卷[M]. 北京：人民出版社，2017.

爱，激发大学生积极参与教学活动的热情。“情感是人类精神生命中的主体力量”①是人类真实意向的表达，是主体以自身思想诉求和生命意义表达为中心内容的一种个体感知、心理参与、场景评议、情感内化合一的判断抉择。大学生对思政课案例教学法、实践体验教学法、情景模拟教学法等具有生活性与体验性特征的教学方式方法认同度更高，这很好地证明了教学方式方法在新时代大学生思政课情感认同中的调节作用。“情感是同人的社会性需要相联系的主观性体验，一般分为直觉意义上的情感、想象意义上的情感和伦理意义上的情感。”②新时代大学生思政课情感认同，不仅需要以主体的课程认知为基础，而且依赖主体来自思政课课程学习实践的亲身感知体验，在超越表层情感体验的基础上，跃升到具有相对稳定性的伦理意义上的情感体验。情感认同作为重要的催化剂，对新时代大学生思政课认同具有重要的推动作用，是课程认同发生发展的深层动力。

4.2.3　知行统一

知行统一是指主体认知与实践的统一性，一方面是主体通过自身学习实践与生活实践将知识体系内化为自身稳定的行为习惯和思想状态，达到自我的知行统一，另一方面是社会的行为与主体对社会的认知的一致性，这些从两个不同的角度促进主体认同的稳定化。新时代大学生思政课知行统一是大学生通过对思政课认知认同、情感认同、行为认同的循环反复的实践，逐步提升自身的课程认同，达到稳定的思想意识形态、心理状态和认识水平。知行统一的前提是“知”的存在与发展，“知”是前提，“行”是根本。大学生在思政课课堂学习获得的理论知识，需要在实际应用中得以内化、巩固、充实和提高。如果不能引导大学生运用所学知识解决生活实践中的问题，思政课的价值难以呈现，大学生成长成才的诉求无法得到满足，便很难催生大学

---

① 朱小蔓. 情感是人类精神生命中的主体力量[J]. 南京林业大学学报(人文社会科学版)，2001(1)：55-60.

② 宋健林. 中国共产党意识形态认同培育机制研究[J]. 思想教育研究，2022(10)：65-71.

生思政课认同。马克思主义认为，实践是检验真理的唯一标准。一切理论都需要通过实践的手段才能得到主体的信任与内化。知行统一的达成主要源于思政课教师的施教，“教育者的施教在多大程度上走进了教育对象的思想世界，将直接决定着教育对象外化践行是否会发生，以及教育对象外化践行的水平层次”①。

本研究的调查数据显示，大学生学习收获各项指标的认同度均达到97%以上。大学生通过思政课知识的系统学习，普遍树立了正确的理想信念，明晰了自己的人生发展方向；普遍树立了正确的法治意识，理解并提升了行为规范与参与社会生活的能力；普遍养成了良好的社会行为习惯，对自身社会角色有了明确的认知与理解，解开了对于世情国情党情的困惑，增强了运用习近平新时代中国特色社会主义思想分析问题和解决问题的能力。大学生有此评价，就是基于自身认知水平与学习和生活实践的一致性体验。可见，新时代大学生思政课知行统一起到了将大学生思想观念转化为较为稳定的行为习惯的重要作用，进一步巩固和强化了大学生思政课认同，反过来激发其深入学习的动机。

在课程视域下，大学生对思政课认同知行统一的实现主要通过思政课实践教学完成。课程实践使学生的思维方式实现从离身到具身的转变，使学生借助生活实践的体悟与观察，将理论知识内化于心。同时，大学生运用已经建构并不断得以完善的知识体系指导生活实践，将理论知识外化于行。内化与外化反复运转的过程，使大学生在思政课学习中建构的知识体系不断完善，不断清晰，进一步巩固和强化了认知认同和情感认同。随着实践在空间和时间上的延续与拓展，大学生的积极性、主动性、创造性被不断激发，使各种认同相互作用、相互促进，进入良好的运转状态，从而使大学生思政课认同进入稳定的状态。习近平总书记强调的“坚持理论性与实践性相统一”具体要求，是思政课实践教学的基本指导思想。思政课教学具有理论向度和实践向度，知行合一是其基本教学要求。从2012年中央提出思政课所有课

① 沈壮海. 新编思想政治教育学原理[M]. 北京：中国人民大学出版社，2022.

程都要加强实践环节[①]，到 2015 年教育部强调将实践教学纳入评判高校课程建设实际质量效果的基本内容指标[②]，到 2018 年规定严格落实本专科思想政治理论课实践教学学分的认定与取得工作[③]，到 2019 年的“同生产劳动和社会实践相结合”[④]，这些不仅是对思政课实践教学的明确指示与要求，还是对知行统一重要作用的深刻把握。

---

① 中华人民共和国教育部. 教育部等部门关于进一步加强高校实践育人工作的若干意见[EB/OL].(2012-01-10). http://www.moe.gov.cn/srcsite/A12/moe_1407/s6870/201201/t20120110_142870.html.

② 中华人民共和国教育部. 教育部关于印发《高等学校思想政治理论课建设标准》的通知[EB/OL].(2015-09-23). http://www.moe.gov.cn/srcsite/A13/moe_772/201509/t20150923_210168.html.

③ 中华人民共和国教育部. 教育部关于印发《新时代高校思想政治理论课教学工作基本要求》的通知[EB/OL].(2018-04-24). http://www.moe.gov.cn/srcsite/A13/moe_772/201804/t20180424_334099.html.

④ 新华社. 中共中央办公厅　国务院办公厅印发《关于深化新时代学校思想政治理论课改革创新的若干意见》[EB/OL].(2019-08-14). http://www.gov.cn/zhengce/2019-08/14/content_5421252.htm.

4.3 新时代大学生思政课认同的评价与反馈机制

教学评价与反馈机制是利用多元化主体对育人质量和实际成效进行综合评估和反馈的活动，以对教学质量形成客观的考量，进而采取相应措施解决评估中发现的问题，提高教学质量的教学管理实践。新时代大学生思政课认同的评价与反馈机制，是获取新时代大学生思政课认同效果的客观信息进而采取相应对策，解决认同存在的问题，提升认同度的活动机制。本研究编制的新时代大学生思政课认同评价量表，就是这一机制的重要组成部分。对新时代大学生思政课认同度进行评价是系统反馈调节的前提。这一机制可以分为正规评价与反馈、自我评价与反馈和专项评价与反馈三个方面，三个方面协同作用，形成新时代大学生思政课认同系统的评价机制，为之后的反馈调节提供实践依据。

4.3.1 正规评价与反馈

正规评价就是由主管部门根据大学生思政课认同的概念内涵和内部结构所进行的评价。依据本研究编制的测评量表，各级各类思政课管理部门定期考察评价新时代大学生思政课认同的状况和存在的主要问题，及时提出应对和解决方案，是有效提升大学生思政课认同度的正规评价机制。它一方面有助于提升新时代大学生思政课教学的实效性，另一方面有助于及时发现大学生认同过程中出现的问题和思政课教学的薄弱环节，给予及时的调控。更重要的是它对于研究和认识新时代大学生思政课认同规律，促进大学生寻求和参与创新思政课的主体性，以提升其认同水平，具有极大的作用。

本研究的调查数据表明，新时代大学生思政课认同总体水平很高，但是在四个维度三级指标的选择中还是有很大差距的。其中可以看到，在主管部门花大力气进行课程建设后，对课程内容的评价结果就比较好，呈现出认同度“五高”的情况；在教学过程难度较大的关键节点上存在着“五低”的状况，特别是还存在着学生自身群体内部“六个方面”的差异性，这些都对新时代大学生思政课的状况作出了客观描述，为教学管理部门找到教学薄弱点提供了翔实依据。近年来，为不断提升新时代大学生思政课建设成效，《高等学校思想政治理论课建设标准》和每年组织的大学生思想状况调查都是加强对新时代大学生思政课正规评估机制的指导和监督，体现了对新时代大学生思政课认同规律，特别是认同过程及其调控的尊重和利用，这些组织管理过程也体现了新时代大学生思政课在有效的监督、评价和调控中实现最终教学目标的科学管理过程。

4.3.2　自我评价与反馈

学习收获感是学生自我评价的有效方式，它能弥补正规评价中学生对思政课教学的满意程度评价的复杂性关注的不足。2017 年教育部多次强调要增强大学生思政课获得感，2018 年更是提出了“课堂革命”的理念。教育行政主管部门对大学生思政课获得感的强调，及提出的大学生思政课进一步走进教育对象内心的要求，使其成为新时代大学生思政课教学改革的重要措施。本研究所说的“大学生思政课获得感”指的是大学生在思政课课程教与学的互动实践中和课程学习体验后，因满足自身的思想发展诉求而产生的充满活力的积极正向的情感表达，这种非物质性的感受主要指向的不是实体性的“物”的享有，而是知情意信的思想心理过程和结果。大学生的课程认同来自这种美好的感受，来自这种意义生成和赋予的过程，因此，获得感影响着大学生的认同。

及时调查了解新时代大学生思政课获得感，不仅有助于及时获得大学生作为学习主体对思政课的评价结果，还有助于思政课教学辩证处理课程在满足学生个体需要与社会需要之间的辩证关系，促进教师与学生的互动，从而提升大学生对思政课的认同度。本研究认为，如果不能及时了解大学生的亲身感受，如果不能得到大学生的真实评价，如果不能争取大学生的有效参与，如果不能使大学生真心喜爱，提升认同度就是一句空话。因此，大学生思政课获得感作为价值获得的直接体现，既推动认同的深化，又推动知行合一。大学生的获得感作为思政课学习主体的自我评价机制，对于提升新时代大学生思政课教学成效是一个重要的评价视角和评价指标。不断调查了解大学生思政课认同的自我评价水平，是取得大学生思政课认同成效的重要机制。

4.3.3　专项评价与反馈

大学生群体是一个同质化程度较高的准社会群体，因而评价结果的内部差异性一般不为人重视。本研究发现，尽管差异性不太突出，但是了解并尊重这一群体的内部差异性，对于从课程主管部门、教师和学生自我评价三个不同视角评价和反馈并调控大学生思政课认同是不可忽视的。调查可知，新时代大学生思政课认同在大学生的性别、是否为学生干部、生源地、年级、专业及高校所在地几个方面还是存在差异的，这些差异性给予了我们重要的提示。我们要准确认识到，针对大学生群体的特点，特别是群体内部的差异性特征，新时代大学生思政课教学还存在提升的空间。

本研究的问卷调查发现，新时代大学生思政课认同度具有女高男低、学生干部高于普通同学、大四高于大一、理工科高于文管专业等群体内部差异。分析产生这些差异的原因，对于找到同样课程设置下影响新时代大学生思政课认同的外在因素，重视不同社会统计特征，如不同地区、不同类型、不同学历层次以及学生正规课程之外的社会大思政课影响，并制定相应的对策，如学校的三全育人、“大思政课”建设、课程一体化建设等反馈调节机制，是非常必要的。因此，专项评价与正规评价、学生自我评价形成深度互补，必须得到高度重视。基于此，在思政课体系建设中，思政课内容、方法和教师素质提升的调节机制必须建立起来，例如为解决思政课教学体系的内部差异性问题，单独开设社会实践课程将不失为一种有益的尝试。

综上所述，基于思想政治教育原理和思政课教学认同理论，本研究将新时代大学生思政课认同机理所表现的四种机制，包括认同生成的动力机制、过程机制、评价机制和反馈机制这一逻辑过程，描述为一种思维图式或理论模型，如图 4.1 所示。

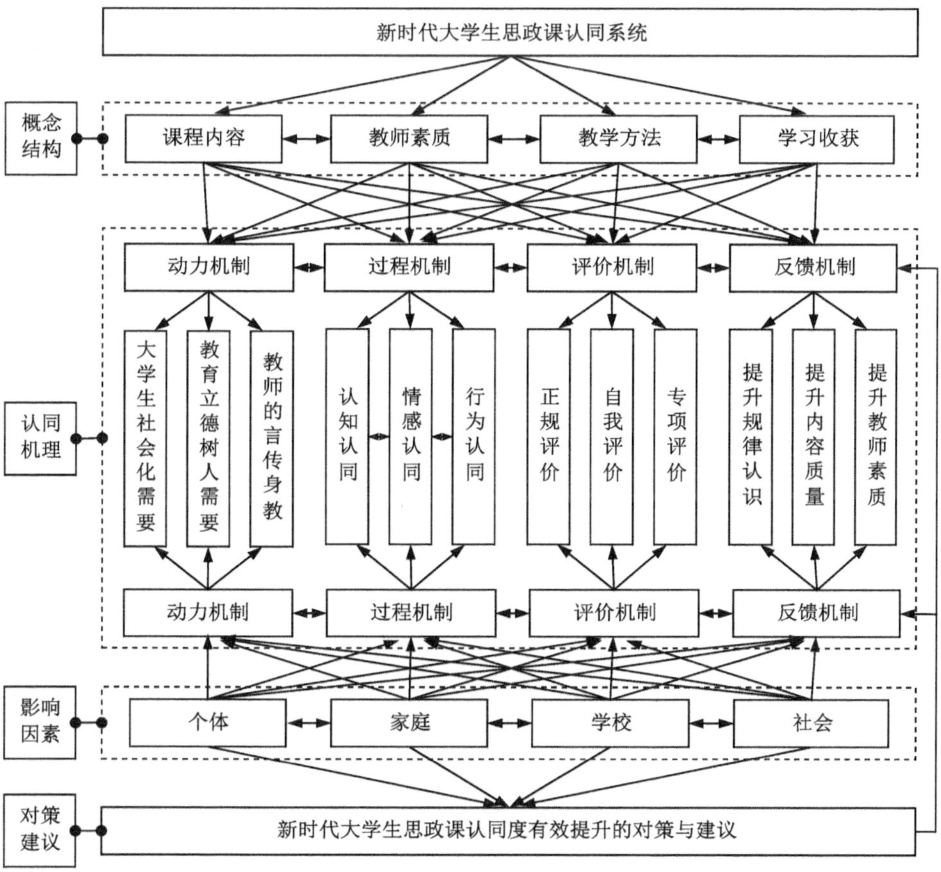

图 4.1　新时代大学生思政课认同系统模型

总而言之，本章研究发现新时代大学生思政课认同经历从感性到理性的过程，经由包括感知有用性和感知易用性在内的认知认同、情感认同、行为认同；在思政课认同的内部要素中，教师素质在整个认同转化过程中不同程度地对各个环节发挥作用，是核心变量，成为认同机制的关键要素；个人、家庭、学校、社会等课程认同结构的外部因素是潜在变量，其中学校基于各种评价得到的结果及其调控对大学生思政课认同心理建构产生主要影响。这些对于认识新时代大学生思政课认同规律及其内部机理，为我们更加精准地研究、制定相应政策，提供了科学依据和基本方向。

第5章

新时代大学生思政课认同度有效提升的对策与建议

如前所述，党的十八大以来，思政课的深刻改革得到大学生的广泛认同。马克思主义认为，事物发展是矛盾运动的结果，矛盾有主要矛盾和次要矛盾，同时又有矛盾的主要方面和次要方面。思政课和大学生是新时代大学生思政课认同的两个方面，提升认同需要从认同的主客体两个方面着手，既要充分研究新时代大学生的特殊性，满足其成长成才和社会化的内在需要，又要研究新时代思政课的特殊性，满足作为大学生认同外部条件的高等教育立德树人根本任务的需要，达成二者矛盾运动的统一。同时，在大学生思政课学习实践中，作为引导者、陪伴者、示范者的教师发挥着主导作用，是认同生发的重要中介。因此，为了保证对策与建议的科学性，需要以前述研究为根据，并站在大学生的视角，沿着大学生对认同规律的认识、课程内容的针对性、教师素质三个进路展开。

5.1　提升对新时代大学生思政课认同规律的认识

课程认同主体对课程的系统性认同，是认同主体理性思维的体现，这种理性思维为研究认同提升对策提供了前提条件。既然认同主体呈现出理性认同的特征，那么从认同主体的认知活动着手探究提升对策，便呈现出更强的可操作性。内因是事物发展的根本原因，因此，基于认同主体理性认知的认同教育便具备了较强的可行性。马克思主义理论认为，人的认识来源于实践，包括主体自身的亲身实践和来源于前人实践经验的成果(即理论)。大学生思政课的认同主要来源于满足大学生自身的亲身实践和对科学理论的熟知度。因此，用马克思主义理论启发大学生充分认知思政课对大学生自身作为政治人、社会人、时代人的成长需要的重要价值，用真诚情感促进大学生认同的内化，用以思政课实践教学为主的实践指导、锤炼大学生的行为认同，可以有效提升大学生对思政课认同规律的认识。

5.1.1　用先进理论启发认同自觉

大学生对思政课的认同自觉，需要以对课程内容的认知为前提，解决认识上的问题。灌输理论很好地诠释了教育发生理论，是推动正确思想形成发展的科学方法。提升大学生思政课认同，需要教师进行理论知识灌输，帮助大学生构建马克思主义科学知识体系，引导大学生以马克思主义科学理论指导人生，增强大学生社会化课程学习体验。

首先，帮助大学生构建马克思主义科学知识体系。思政课教师在各门具体课程的施教过程中，站在整体的马克思主义的视角阐释课程学习内容，开展教学活动，逐步帮助学生构建马克思主义科学知识体系框架，经过持续不断的知识灌输与施教，使知识体系在大学生的头脑中逐渐生成和完善，奠定其自觉认同的基础。

其次，引导大学生以马克思主义科学理论为人生指导。理论是行动的先导，大学生社会化需要科学理论的指引。思政课教师需要准确把握大学生社会化理论需求的特点，积极回应理论关切，切不可一味迎合。当思政课教师积极利用马克思主义在教育教学实践中为学生解疑答惑的时候，要千方百计、从容不迫地将理论论证应用其中，多维论证，深度解读，尽展马克思主义理论的思想光芒，以思想的魅力征服学生，使其产生对马克思主义科学性、革命性的认知认同，形成认同自觉。

最后，增强大学生社会化的课程学习体验。“如果一种思想状况与它所处的现实状况不一致，则这种思想状况就是乌托邦。”①积极的体验是产生情感的前提。如前所述，学界普遍认为情感体验对体验者的认同与接受态度具有重要影响，体验缺失是思政课获得感缺失的重要原因，并倡导“身体回归”②。学生的课程体验感是我们分析大学生思政课认同存在问题的原因的重要切入点。习近平总书记反复强调要增强大学生课堂学习体验感，要求思政课教师充分研究大学生社会化需求，从大学生实际情况出发，增强大学生课程内容的真理性体验、课堂学习的生动性体验、课程教学的针对性体验、教师教学的亲和力体验，促使大学生产生情感共鸣，生成情感认同。思政课教师在教学时容易陷入知识性教学中，忽略或弱化马克思主义面向现实生活的方法性和先进性。这必然要求思政课教师牢固树立实践的价值取向，着眼

① 曼海姆. 意识形态与乌托邦[M]. 李步楼，等译. 北京：商务印书馆，2014.

② 魏晓波. 从“离身认知”到“具身认知”：考量思政课获得感生成的新视角[J]. 教育理论与实践，2020，40(27)：34-36.

于大学生的社会化能力，构建以学生为中心的教学理念，在结合学生身心发展特点和社会化诉求之实际的教学中，阐释马克思主义理论方法，在结合社会热点问题的教学中，揭示马克思主义理论的科学性，增强学生用马克思主义理论指导当下实际生活的信心与力量。

5.1.2　用真诚情感促进认同内化

从课程内容认知的确立到对课程内容的深入把握和情感的认同，最终指向理想信念的确立，走向生活实践，新时代大学生思政课认同这一自主内化的过程，需要教育的引导。

通过教学方式方法的改革创新增进真诚情感。习近平总书记指出“思政课的本质是讲道理，要注重方式方法，把道理讲深、讲透、讲活”[①]，只有注重方式方法，把道理讲深、讲透、讲活，才能讲好道理，实现铸魂育人的良好效果，这是我们深化思政课情感认同的重要方法论。创新教学方式方法，尚需广大思政课教师重视学生课程认同的差异性，深刻理解和把握新时代大学生思想特点和专业实际，以保证教学方式方法被大学生广泛认同与接受。信息时代，网络环境是高校大学生的常态化生活环境，使大学生成为名副其实的网民；随着社会开放程度的提高，大学生个性张扬，思想开放；社会发展速度的加快，使大学生代际特征日益明显，这些是新时代大学生的特点。课堂教学是主客体互动的实践活动，思政课教师应既站在教育者的角度选择教学方式方法，也站在受教育者的角度和教学目标达成的角度考量方法的有效性，需要走入网络，时时关注热点，一方面，可以选取“热搜”“头条”中的案例和主题及发生在大学校园中的事件作为素材，这种生活中的实际案例能够使学生产生亲近感和浓厚的兴趣，激发学习内驱力；另一方面，将教学方式方法中涉及的案例、主题等与学生的学科专业相结合，理工科可以选择科研相关的案例与主题，军警专业更多选择军警方面的案例与问题，师范专业以

① 习近平. 坚持党的领导传承红色基因扎根中国大地　走出一条建设中国特色世界一流大学新路[N]. 人民日报，2022-04-26(1).

师者案例为主，医学专业以医学界相关案例主题为主。尽管有些案例、主题具有共适性，但仍不可千篇一律，不可不同院校、不同专业使用同样的教学设计。案例教学法以更强的吸引力激发学生学习内驱力，但如果选择的案例脱离学生的思想和生活实际，就会失去教育效能。只有到学生的生活场域中去选择鲜活的案例，才能走入学生的心灵世界，走入学生的心田，这就是毛泽东提出的“新鲜活泼”“喜闻乐见”的鲜明性问题。

通过良好课堂教学过程强化真诚情感。思政课教师和学生核心的实践场所，就是思政课课堂。用真诚的情感促进学生课程认同内化，主要应该在课堂教学改革上下功夫。著名学者谢和平院士(2016)大力倡导课堂改革，“要通过每堂课 45 分钟的教学环节，去潜移默化地影响每个学生，去启发他们的想象力、批判思维和独立思考能力，去真正体现教育的本质所在”①。45 分钟的课堂虽然时间很短，却是思政课教师实施教育教学的场所，是和学生实现深度交流的集中时空。思政课教师如何在这 45 分钟内既能够很好地进行知识的传授和理论的阐释，又能够很好地进行情感的交流和价值观的传递，这实际上是一项复杂的活动。在这项复杂的教学活动中，思政课教师更多的是完成教学内容，而真诚的情感传递与化育往往被弱化，比如一定程度上还存在的灌输式教学方式，存在娱乐化倾向的过度使用信息化教学手段，过于频繁的课堂互动，这些教育教学方式虽然带有一定程度的真诚情感，但并未将全部的情感表达出来。这也就为思政课课堂真诚情感的表达提供了更多可能，为情感教学的深化提供了更大的空间。把教育对象的主体性放在第一位的思想政治教育“疏导”方针，是以马克思主义理论为依据，深入理解和掌握教育对象的问题和疑惑，千方百计使其明晰道理，使其被真情打动，使其被行为所引导，以平等平和的观念和态度给予其主流意识形态引导的重要教育原则。任课教师充分利用好课堂 45 分钟，充实情感，采取大学生接受度和认可度更高的“疏导”方式，可以达到启智润心的效果，可以展现出程度更高的主体关注，实现以真情实感提升大学生思政课认同的目的。

---

① 谢和平. 扎实推进课堂教学改革[J]. 中国大学教学，2016(1)：4-7.

通过伟大人物的伟大人格传递真情实感。马克思主义理论不仅仅体现了马克思和恩格斯对科学真理的追寻，还包含着马克思和恩格斯为全人类自由解放而工作的伟大情怀。马克思主义理论是发展着的理论，一代代马克思主义者都饱含着对人民的热爱和真诚，具有伟大的人格魅力。毛泽东踏遍千山万水深入中国广大农村，了解中国社会实际，始终走在寻找救国救民之路的艰辛历程中；朱德放弃国民党的优厚待遇加入中国共产党，脱下军靴穿上草鞋毅然决然地加入红军，为人民幸福、民族解放而奋斗；周恩来树立了“为中华之崛起而读书”的人生理想；邓小平深情表达“我是中国人民的儿子，我深情地爱着自己的祖国和人民”；习近平真切表达“我将无我，不负人民”的铮铮誓言，他们都深情展现出马克思主义者无私奉献、为民为国的伟大情怀。人民性是马克思主义理论的根本属性，每一个马克思主义者都具有深厚的人民情怀。培养大学生的理想信念、爱国主义情怀、品德修养、知识见识、奋斗精神、综合素质等是立德树人根本任务的基本要求。“培养什么人”的目标和“用什么培养人”的内容问题，是大学生思政课依据立德树人根本任务需要深入探究的重要问题。马克思主义者中的伟大人物具有崇高理想信念，具有伟大精神人格，具有深厚情怀。思政课教师以故事性的方式将此类案例融入课程教学，不但可以提高思政课亲和力，而且可以传递真情实感，提升情感认同。因此，思政课除了教大学生理论知识、价值观、理想信念等，还应该指导大学生在学习伟大思想理论的同时，学习伟大人物的伟大人格和深厚情怀。思政课教师在思政课教学中，既要用马克思主义理论的魅力感染学生，也要用伟大人物的人格和情怀感召学生。“亲其师，信其道”，用马克思主义者的伟大情怀感召学生，是提升大学生思政课认同不可忽视的手段。

5.1.3　用丰富实践锤炼认同行为

马克思主义认为，实践是认识的来源，更是检验真理的唯一标准。恩格斯曾写道，“自从 1847 年他和他的政治上的朋友加入已存在多年的秘密的

‘共产主义者同盟’后，实际的鼓动工作对于他就具有更重要的意义了”①，这生动地阐释了丰富的思想政治教育实践对马克思深入开展研究的重要意义。列宁特别重视现实的生活实践对人们无产阶级意识形成的重要作用，认为“在大工业最发达的条件下，工人阶级和它的思想家领会马克思主义最容易、最迅速、最完整、最扎实”②。马克思主义经典作家关于生活实践的诸多论述，都给予了我们很大的启发。理论知识的获得只有回到实践中，去检验和发展，才能实现理论学习的价值，才能形成真切的获得感，提升思政课认同，促进课程学习与内容的内化。知信行模式是研究认同教育的基本模式。有学者在研究大学生主流意识形态认同时发现，知信行存在递进发展规律，“践行度和相信度之间存在较显著的正相关，践行度和知晓度间存在中等程度的正相关，相信度和知晓度间存在较弱的正相关”③。大学生通过学习生活实践中的体验、判断、思辨等活动，能够加深对思政课的认知认同。

“用脚步丈量祖国大地，用眼睛发现中国精神，用耳朵倾听人民呼声，用内心感应时代脉搏，把对祖国血浓于水、与人民同呼吸共命运的情感贯穿学业全过程、融汇在事业追求中。”④积极参加火热的生活实践，在中华民族伟大复兴的道路中书写人生精彩篇章是每个大学生的骄傲选择，只有如此，才能真切体会真理的味道，才能真切体会信仰的力量，才能真切体会中国化时代化马克思主义的思想伟力。“思政课的本质是讲道理，要注重方式方法，把道理讲深、讲透、讲活”⑤，继续在增强学生获得感上下功夫，讲深了，讲透了，就会增强获得感；继续在增强学生体验感上下功夫，讲活了，就能使

---

① 中共中央马克思恩格斯列宁斯大林著作编译局. 马克思恩格斯选集：第三卷[M]. 北京：人民出版社，1995.

② 中共中央马克思恩格斯列宁斯大林著作编译局. 列宁选集：第二卷[M]. 北京：人民出版社，1995.

③ 张平. 大学生主流意识形态认同教育的实证研究：基于知信行模式的理论视角[J]. 教育学术月刊，2021(3)：92-97，111.

④⑤ 习近平. 坚持党的领导传承红色基因扎根中国大地　走出一条建设中国特色世界一流大学新路[N]. 人民日报，2022-04-26(1).

学生参与进来，就会增强体验感。获得感和体验感增强了，大学生思政课认同自然会提升。

“全部社会生活在本质上是实践的”①，实践是一种“自由的自觉的活动”②。高校思政课教学必须根植于实践，才能适应大学生身心发展规律，在反复的生活实践中巩固和强化认同，化育灵魂。

① 中共中央马克思恩格斯列宁斯大林著作编译局. 马克思恩格斯选集：第一卷[M]. 北京：人民出版社，2012.

② 中共中央马克思恩格斯列宁斯大林著作编译局. 马克思恩格斯全集：第四十二卷[M]. 北京：人民出版社，1972.

5.2 提升新时代大学生思政课课程内容的质量

通过对新时代大学生思政课认同机理和系统过程发展模型的研究发现，思政课内容是新时代大学生思政课认同的首要因素、主要内容、逻辑起点和理性基础，为我们提升课程认同指明了重要的努力方向和深入提升的着力点。提升新时代大学生思政课认同，需要高度重视课程内容的主体性，即在大学生思维和经验能够把握的视域中丰富教学内容，以保证课程认知活动的进行。四川大学马克思主义学院院长李拴久认为，未来“应进一步引导教师实现教学内容从教材体系向教学体系转化、向学生需求体系和学生日常养成体系转化，追求育人实效”①。这就是增强大学生思政课获得感的思想进路，是课程内容与大学生思维的同一性问题。辩证统一的马克思主义意识形态理论和以人民为中心的发展思想是思政课创新发展的理论依据和思想指南。当代大学生作为时代新人需要时代精神的浸润，需要时代文化的熏陶，需要时代思想的灌溉。

5.2.1 坚持教学理论的时代性

实践永无止境，理论创新永无止境。实践随着时代的变化而变化，产生

① 邓晖，周世祥. 写好立德树人“大文章”[N]. 光明日报，2022-03-18(7).

很多新时空下的新问题，实践在与认识的辩证运动中推动理论深化，使理论具有时代性，产生时代性的新理论。“不断推动党的理论创新成果‘三进’工作”①，是思想政治工作的基本经验，成为大学生思政课建设的必然要求。习近平新时代中国特色社会主义思想是马克思主义中国化的理论成果，是马克思主义一脉相承的新思想新理论，是中华优秀传统文化创造性转化和创新性发展的新思想新理论。“思政课的本质是讲道理，要注重方式方法，把道理讲深、讲透、讲活”②就是要讲中国化时代化的马克思主义为什么行内含的道理，就是要用中国特色社会主义伟大实践成果、辉煌成绩来讲道理。用新思想新理论强化教学内容是讲好道理的基本路径。中国人民大学张雷声教授认为大学生思政课课程设置应该把“与时俱进的理论品质”“吸收最新成果”作为基本要求，教学内容要紧紧“抓住马克思主义基本原理及其在当代中国发展的最新成果、党领导人民建设中国特色社会主义的生动实践和基本经验、哲学社会科学研究的最新进展”③。用中国化时代化的新思想新理论培根铸魂，既是社会意识形态对人的成长的基本规定，也是社会主义时代新人健康成长的基本诉求。

首先，用新思想的理论供给增加课程内容深度。强化新思想的理论供给，始终保证中国化时代化的新思想新理论融入育人实践中，实现与理论的同频共振。理论是最具说服力、最有魅力的教学内容。本土化时代化的新思想新理论具有适应新发展的最鲜活要素，因而具有更科学的理论指导力。马克思主义中国化时代化最新理论成果始终是思政课教学最鲜活的内容。快速调整课程体系，使新思想新理论第一时间在课堂教学中展开，是思政课落实立德树人根本任务的基本要求。高校开设“习近平新时代中国特色社会主义思想概论”课就是最好的教学内容改革实践，也是课程体系改革完善的最

---

① 陈占安. 改革开放以来高校思想政治理论课建设的回顾与展望[J]. 思想理论教育，2018(10)：21-27.

② 习近平. 坚持党的领导传承红色基因扎根中国大地　走出一条建设中国特色世界一流大学新路[N]. 人民日报，2022-04-26(1).

③ 张雷声. 思想政治理论课：“三观”教育的主渠道[J]. 高校理论战线，2007(1)：42-46.

好实践，是顺应教育规律和大学生成长成才规律的基本要求，能够以最快最直接的方式满足大学生成长成才的理论需要，体现教学理论的前沿性，实现立德树人目标，提高课程认同度。教育部印发《习近平新时代中国特色社会主义思想进课程教材指南》《教育部办公厅关于在思政课中加强以党史教育为重点的“四史”教育的通知》等指导性文件，为新时代大学生思政课教学理论前沿性的体现提供了基本政策保障和实践指导。

党的十八大以来，中国共产党积极总结凝练百年奋斗历程，探索革命成功、民族复兴、治国理政之路，积累了丰富的实践经验，铸就了脱胎于伟大建党精神的中国共产党精神谱系。中国共产党精神谱系以伟大建党精神为源头活水，是内容丰富，生动鲜活，既拥有生生不息的理论引导力，又拥有众志成城的实践驱动力，既具有铮铮长鸣的历史穿透力，又具有源源不断的精神感召力的珍贵遗产。精神谱系内含中国共产党人崇高的理想信念，内含中国共产党人以人民为中心的价值追求，内含艰苦奋斗、敢于斗争的英雄气概，内含自力更生、勇于创新的改革精神，内含实事求是、追求真理的革命品格，内含为党为国为民无私奉献的价值观，形成了具有强大力量的红色基因。中国共产党精神谱系成为新时代大学生思政课为党育人、为国育才最生动的新教材。新时代大学生思政课立德树人关键课程的本质规定，客观上要求把这一新时代伟大思想理论成果融入思政课教学，充分发挥其信仰铸魂、立德树人的育人功能。党的二十大报告明确提出“只有把马克思主义基本原理同中国具体实际相结合、同中华优秀传统文化相结合，坚持运用辩证唯物主义和历史唯物主义，才能正确回答时代和实践提出的重大问题，才能始终保持马克思主义的蓬勃生机和旺盛活力”①。运用新时代新思想，无疑会极大激发马克思主义理论学习热情，提升学习效果，发挥理论的强大作用。对大学生而言，理解与接受马克思主义理论的客观困难是存在的。提高教学内容的针对性，一方面是用学术讲政治，以深入的学理分析讲透理论的逻辑，

---

① 习近平. 高举中国特色社会主义伟大旗帜　为全面建设社会主义现代化国家而团结奋斗[M]. 北京：人民出版社，2022.

另一方面需要用马克思主义理论实践的伟大成果来直接证明，这种直观的成果更能让大学生增强自信，提升思政课认同。

其次，用新时代伟大成就强化时代性教学内容的供给，始终保证教学案例素材的时代性，实现与时代同频共振。时代性的案例素材具有鲜活性。根据列宁提出的运用教育内容的真实性和时代性，提升思想政治教育效果的观点，马克思主义中国化时代化的重大理论成果、改革开放 40 多年的伟大实践、中国共产党百年伟大征程形成的发展历史，都是最生动的教材。毛泽东也曾提出，教育内容应当新鲜活泼，喜闻乐见。邓小平站在社会主义社会整体发展的高度和完成马克思主义政党的历史使命、培育社会主义新人的政治高度，科学规划思想政治教育工作内容，强调要系统阐述马克思主义理论、科学的社会主义观等，在社会主义初级阶段要进行党的基本路线教育，并且在中国特色社会主义建设全面开展与深入发展的今天，思想政治教育应随着不同的时期和情况、不同使命的需求，适时补充新内容，有的放矢地教育。邓小平注重理论与实践相结合，认为“群众从事实上感觉到党和社会主义好，这样，理想纪律教育，共产主义思想教育和爱国主义教育，才会有效”[①]。习近平指出思政课要守正创新，要讲好中国故事和推进马克思主义中国化时代化。这些彰显人的接受心理与育人规律，卓有成效的思想政治育人理论观点是我们深入研究，持续强化教学内容供给的理论依据。

最后，强化思政课一体化建设，始终保证各学段教学总目标明晰。在一体化发展体系中，要明确新时代大学生思政课教学内容的特征。根据大中小学思政课一体化发展、螺旋式上升的基本策略，大中小学思政课的目标和内容的侧重点是非常明确的，打牢中小学思政课教学的基础，能够奠定思政课认知与接受的知识与情感基础，从而提升新时代大学生思政课认同。这就需要加强党对学生思政课建设的领导，只有坚持党的领导，才能保证思政课一体化发展、螺旋式上升策略得到深入贯彻落实，才能保证有序衔接。也只有新时代思政课教师清晰掌握各学段的教学总目标，以教材为总依据，深入研

---

① 邓小平. 邓小平文选：第三卷[M]. 北京：人民出版社，1993.

究学案，及时调整教学方式，提高学段教学的针对性，才能实现精准教学，从而提升学生的课程认同度。

5.2.2 提高教学内容的针对性

关注现实生活是马克思主义的基本原则，马克思认为“全部社会生活在本质上是实践的”①。马克思认为人的意识不是突然出现的，它以现实的人的存在为前提，由人的物质生产实践活动生成。恩格斯认为，理论思维是特定时代的具有历史性的产物，因此，在不同的时空场域中存在截然不同的形式，同时具有完全不同的内容。这就把意识形态工作鲜明地指向现实人的现实生活。“思政课教学只有联系现实社会生活，联系学生在实际生活中的感受和遇到的问题，才能把马克思主义基本原理讲清楚、讲透彻。”②因此，具有针对性的教学内容只能来源于受教育主体在特定时空场域中的生活实践。思政课教师要关注大学生在生活场域中的实践内容，从当下生活实践中寻找教学素材案例，强化具有针对性教学内容的供给，始终保证把学生关注关心的热点问题融入教学，实现与学生同频共振。

根据学生群体特点选取有针对性的教学素材案例。根据本研究调研得出的“不同学科专业大学生对认同存在显著差异”的结论，大学生思政课提升认同度需要充分考虑学生群体的特点。不同学科专业学生具有不同的理论学习背景，形成了不同的思维习惯，具有不同的思维定式，“理工医农科学生理论基础较为薄弱，在理论思维上不注重系统性、逻辑性，而文科学生特别是社会科学类学生理论基础较强，比较注重系统、逻辑性的理论思维”③。“不同范围和层次的大学生在接受‘三观’教育方面有不同的需求，这就要求针对教学对象实际进行思想政治理论课教学。”④根据本研究调研得出的“国

---

① 中共中央马克思恩格斯列宁斯大林著作编译局. 马克思恩格斯选集：第一卷[M]. 北京：人民出版社，2012.

② 田心铭. 谈谈我对怎样上好思政课的认识[J]. 思想理论教育导刊，2022(2)：4-12.

③④ 张雷声. 思想政治理论课：“三观”教育的主渠道[J]. 高校理论战线，2007(1)：42-46.

家繁荣富强的发展现实是具有最高确信度的外部影响因素”的结论，新时代党和国家取得的伟大成就建构起的重要教育环境、发展环境是重要的教育素材。尤其是学科成就，对学科学生具有更强的教育作用，加强学科成就教育和国情教育，成为提高认同度的重要生长点。

5.2.3　拓展教学视野的社会性

宏阔视野是马克思主义的重要特征，是人的全面发展的价值空间，客观上要求教学视野具有社会性。马克思世界历史理论为教学视野社会性提供了理论依据，习近平总书记的大历史观为我们提供了方法论指导。当今世界处于百年未有之大变局，经济、政治、文化都在信息全球化的迅猛发展中叠加交杂变化，实时呈现在大学生面前。世界已经成为一个普遍交往，深入交融的共同体，促使教育不得不走入广泛的世界交往当中。思政课既要努力把握好“思政小课堂”，又要积极善用“社会大课堂”，既要努力充分面向学生，又积极面向生活，面向社会，广泛调动各种育人要素和资源，将其有机融入课程，使课程内容具备更强的育人实效。只有充分整合多元化育人场域，有效融通多方面育人资源，推动思政课要素资源的合理配置与丰富发展，才能实现大学生思政课课程内容的高质量发展。

高校思政课教师要善用国际资源，站在世界历史角度开展教学。广大思政课教师坚持马克思世界历史理论，以习近平总书记贯通古今中外的大历史观为遵循，旁征博引，涉猎古今中外一切有利于思政课教育教学的内容素材。世界风云变幻，大学生深入其中，作为担负民族复兴大任的社会主义合格建设者和可靠接班人，需要对世界和中国发展大势有清晰正确的认识。只有站在世界历史发展高度，才能更加清晰地认识人类社会历史发展的规律；只有站在世界历史发展的长河中，才能更加深刻地认识中国特色社会主义发展的必然性和重大意义；只有站在世界历史发展的视角，才能更加深刻地领略中华五千多年灿烂文明的深厚底蕴，才能坚定中华民族伟大复兴的信心和决心，坚定远大理想，坚定“四个自信”；只有正确认识中国特色和国际比较，才能正确领悟堪当民族复兴重任的深刻内涵，树牢“四个意识”。

高校思政课教师要善用历史资源，站在“四史”的角度开展教学。历史虽然逝去，但史实是鲜活的。“四史”中蕴含着丰厚的育人资源，是有助于青年大学生成长的宝贵精神财富；内含着社会历史发展的基本规律，是青年大学生把握时代大势，科学学习工作的智慧；内含磅礴的理想信念发展之力，是青年大学生滋养志气、骨气、底气的精神养料。这些财富、智慧、养料都蕴含在鲜活的历史故事中，既是青年大学生所需，也是青年大学生所爱。思政课要在遵循历史逻辑与理论逻辑的辩证统一中，讲出道路自信、理论自信、制度自信、文化自信。善用历史资源就要遵循历史的逻辑，就是要讲好中国历史，既包括中华文明发展史，也包括党史、新中国史、改革开放史和社会主义发展史。思政课教学有了历史的融入，就提升了厚重感、真切感，就深化了思政课价值塑造与思想引领的价值认知。大学生在明辨历史真相的前提下学习思政课，就会增进对党、国家和人民的深厚情感，有助于深化思政课情感认同。

高校思政课教师要善用民族文化资源，站在中华民族永续发展的角度开展教学。思政课教学需要在中华民族五千多年文明发展史中汲取文化力量，努力以“双创”的观念，时刻深入研究汲取中华优秀传统文化的育人素材和化育学子灵魂的力量。中华优秀传统文化是涵养社会主义核心价值观的重要源泉，内含的崇仁爱、重民本、守诚信、尚和合、求大同等永不褪色的思想理念和道德规范，是社会主义核心价值观的源头活水，形成了独特的中华文化基因。将这些内容融入思政课教学，不仅可以激发学生学习的积极性，提升其对课程社会化诉求的认知，形成对思政课友善的价值观理解，涵育良好的政治素养，而且会成为实现中华民族伟大复兴的强大凝聚力和感召力，为中国特色社会主义发展汇聚强大力量。

高校思政课教师要以“大思政课”理念开展教学。高校思政课是引大道、启大智、育大德的课程，以培养大学生德智体美劳全面发展为目标，这必然要求从多维度寻找教育素材，选取教育内容，融入课程教学。“大思政课要善用之”是思政课深化育人效果的重要指引，这要求以“大思政课”的新理念新要求驰而不息地加强思政课建设。2021 年 3 月 6 日，习近平总书记从湖北武汉抗击新冠疫情惊心动魄的斗争讲起，强调“‘大思政课’我们要善用之，一定要跟现实结合起来”①。“把宏大的时代、鲜活的实践、生动的现实所蕴含的丰富育人元素挖掘出来、整合起来、运用开来，才能打造出高质量的‘大思政课’”②。

① “大思政课”我们要善用之(微镜头·习近平总书记两会“下团组”·两会现场观察)[N].人民日报，2021-03-07(3).

② 沈壮海.“大思政课”我们要善用之：思考与探索[J].思想政治教育研究，2021，37(3)：26-30.

5.3 提升新时代思政课教师的综合素质

教师是教育的第一资源，是立教之本、兴教之源。有好的教师，才有好的教育。“要从战略高度来认识教师工作的极端重要性”[①]，习近平总书记把教师工作放在“极端重要”的地位，先后提出“四有”好老师的能力素质要求，还特别提出思政课教师要做到“六要”的要求，明确指出思政课教师是办好思政课的关键。党和国家对人才的迫切需求，文化强国、教育强国、人才强国、体育强国建设的基本任务要求，不仅对思政课教师自身综合素质能力的提升提出了迫切要求，而且对其时代化教育教学能力提出了迫切要求。习近平总书记提出的“八个相统一”“六要”的基本要求给我们提供了重要的思想遵循。马克思在分析生产力的构成时也提出，“生产力不仅包括生产工具，而且包括劳动者本身”[②]。“最强大的一种生产力是革命阶级本身”[③]。教师素质对教育质量具有决定性作用[④]。思政课教师作为课程教学的主导者，不仅是教学

---

① 习近平. 做党和人民满意的好老师[N]. 人民日报，2014-09-10(2).

②③ 中共中央马克思恩格斯列宁斯大林著作编译局. 马克思恩格斯文集：第一卷[M]. 北京：人民出版社，2009.

④ BARBER M, MOURSHED M. How the world's best-performing school systems come out on top [M]. New York：McKinsey & Company，2007.

成败的关键主体，而且是大学生在学习实践中最直接的认同影响要素，这就对思政课教师的素质能力提出了新要求。在新时代大学生思政课如火如荼的建设大潮中，守正创新成为思政课教师的重要能力。守正创新能力就是指思政课教师要处理好优秀传统与现代要求、继承传统与时代创新的关系，既要紧紧与当下现实相随，又要超越时代具有引领性，勇敢地走在时代的前列。守正包括对传统教学经验的继承与运用能力、对马克思主义理论的坚守与阐释能力，包括“用学术讲政治的能力和善用‘大思政课’的能力”[①]；创新包括教学方式方法的创新能力、信息化教学能力、主体化的话语表达能力。扎实的马克思主义理论专业知识和教育教学理论与技能是思政课教师胜任马克思主义理论教育工作的基本要求。

5.3.1　提升立场信念坚守能力

坚定的理想信念是立德树人的基本规定，是对具有政治属性的思政课的基本要求，是思政课政治运作规律的必然要求，因此，思政课教师在教学实践中一方面要积极向理论学习、向历史学习、向实践学习，以坚定的理想信念唱响主旋律，另一方面要时刻保持警醒，跟踪意识形态领域最前沿的思潮动态，及时深刻地对错误思潮进行彻底的批判，在不断实践中养成批判精神，提升立场信念坚守能力。

信仰具有强大的感召力。习近平总书记提出“让有信仰的人讲信仰”，只有信仰坚定，才能把思政课讲深讲透讲活，讲得有底气，讲出来的东西才能富有感染力。思政课教师要真学、真懂、真信、真用马克思主义，只有成为马克思主义的坚定信仰者，才能对马克思主义理论有更加情真意切的体验，才能在教学中达到知识自然流露，实现盐溶于水的融入效果。自然流露的真情最能打动人，最能感染人，教师在教学中自然流露的对马克思主义理论魅

① 邓晖，周世祥. 写好立德树人“大文章”[N]. 光明日报，2022-03-18(7).

力的赞美会让学生产生情感的依恋，增强情感认同。有坚定马克思主义信仰的教师，会被学生因为课程学习内容身边具象化的主体呈现而产生强烈的课程认同而追随。“信仰不是一种关于外部客体的纯粹认识现象，而是内在地包含有主体的人格成分。只有讲信仰的人自己有信仰，才能使信仰人格化，从抽象道理变成具体可感的形象化存在，使信仰更有亲和力和吸引力”①。“人格要正”是习近平总书记对思政课教师提出的明确要求。人格魅力是最好的教育环境要素，也是最好的示范引领条件，对受教育者具有巨大的凝聚力、感召力和说服力。教师的示范引领是最能温暖学生的阳光，其启智润心的重要作用无可替代，学生对教师总是有着莫名的情感，总是选择更大程度上的赞许、尊重与追随，在思想理论方面，在疑难困惑中又往往表现出更强的依赖性。思政课教师要“把理想信念建立在对科学理论的理性认同上，建立在对历史规律的正确认识上，建立在对基本国情的准确把握上”②，科学理论、历史规律、基本国情是坚定理想信念的基本要素和重要着力点。

思政课教师要向理论学习，在马克思主义发展着的理论学习中铸牢思想理论基础，树立科学信仰。马克思主义理论是思政课教师深入浅出地讲好思政课，胜任立德树人工作的看家本领，也是建立与巩固其科学信仰的思想理论基础。“共产党人要把读马克思主义经典、悟马克思主义原理当作一种生活习惯、当作一种精神追求，用经典涵养正气、淬炼思想、升华境界、指导实践。”③思政课教师不仅要反复精研马克思主义经典著作和篇章，还要平心静气地反复研读马克思主义全典全文，只有如此，才能逐渐窥见马克思主义思想的全貌，才能深刻掌握马克思主义的整体性，才能树立坚定的科学信仰、牢固的理想信念。向理论学习是党中央的期待与要求，无论是习近平写给广

---

① 刘建军. 让有信仰的人讲信仰[N]. 光明日报，2020-08-13(3).

② 习近平. 在同各界优秀青年代表座谈时的讲话[N]. 人民日报，2013-05-05(2).

③ 习近平. 习近平在纪念马克思诞辰200周年大会上的讲话[N]. 人民日报，2018-05-05(2).

大教师的慰问信中提出“三个牢固树立”[①]的第一条，还是“四有”[②]好老师的第一条标准，都将理想信念摆在首要位置。

思政课教师要向历史学习，在百年党史中汲取力量，增强科学信仰。习近平总书记强调：“学史增信，就是要增强信仰、信念、信心，这是我们战胜一切强敌、克服一切困难、夺取一切胜利的强大精神力量。”[③]当下，在民族复兴伟大征程的奋斗中，我们要从党史、新中国史、改革开放史、社会主义发展史中汲取信仰的力量，增强马克思主义理论自信，增强中国特色社会主义道路自信。马克思在对世界历史和人类社会历史形态的整体研究中发现了人类社会发展普遍规律和基本方向，形成了历史唯物主义。承担立德树人关键课程教学任务的思政课教师也要在了解过去中探知规律，坚定走向未来的理想信念。新时代大学生思政课承载培根铸魂、启智润心、信仰铸魂的重大使命，首先要求教师有坚定的信仰。

思政课教师要向实践学习，在中国特色社会主义伟大实践中汲取力量，坚定科学信仰。在新时代，坚定信仰信念是以坚定“四个自信”为核心的。中国特色社会主义的辉煌成就是马克思主义在中国大地的生动写照，彰显了马克思主义真理的力量。实践是检验真理的唯一标准，思政课教师要时时刻刻关注社会现实，关心社会热点，善于总结分析社会热点焦点问题，积极宣传传播伟大实践成果，深化对马克思主义真理的理解与体验，从而坚定信仰。这既是习近平对广大青年学生的要求，也是对思政课教师的实践要求。

教师和学生是共同体。思政课教学是建立师生信仰共同体的过程。课堂教与学双方是平等的，即便是进行理论的灌输，要想达成理想态，也同样需要构建双方相互的信任和承诺，这是课堂教学有效开展的基本规律，是课程教学平等观的基本内涵。认同就建立在这种平等的承诺中，建立在双向的

① 习近平. 习近平向全国广大教师致慰问信[N]. 人民日报，2013-09-10(1).

② 习近平. 做党和人民满意的好老师[N]. 人民日报，2014-09-10(2).

③ 习近平. 学史明理、学史增信、学史崇德、学史力行[N]. 人民日报，2021-07-03(1).

和谐互动中，任何单向度的认同都是不存在的①。列宁也曾提出教育者与教育对象之间同志式关系的达成与思想政治教育效果的关系。如果这种同志式关系破裂或者无法有效构建，教育双方将失去认同的平衡态，走向低效甚至无效的教育中，于教学方式而言，或许就遁入了填鸭式教学模式中，遁入毫无生机活力可言的硬性灌输教学模式中。因此，提升认同感必须树立师生共同体的理念，因为只有构建了这样的共同体，才能满足学生实现社会化的需要，满足其社会化的理论诉求，树立牢固的理想信念。正因如此，这成为教师必须努力的信念坚守之重要路径。

5.3.2 深化技术赋能教学能力

科学技术是第一生产力，“生产力发展和科技进步中蕴含着巨大的革命力量”②。“随着新生产力的获得，人们改变自己的生产方式，随着生产方式即谋生的方式的改变，人们也就会改变自己的一切社会关系。手推磨产生的是封建主的社会，蒸汽磨产生的是工业资本家的社会。”③媒体技术革命必然带来教育首要改革，迫使课程教学方式的改革创新。教育信息化 2.0 时代，互联网、人工智能等新技术，尤其是雨课堂、超星课堂及腾讯会议、企业微信等新媒体平台在新冠疫情肆虐时迅速普及，推广至大中小学课程教学领域，以迅雷不及掩耳之势扎入课堂，实现了对传统课堂教学理念的整体突破，将传统教学模式带入崭新的更加高效的教学模式探索中来，增强了学生在课堂上的教学互动，让教与学变得简单、高效、智能，对于推动教学向智能化发展和创新发展具有现实意义。学界研究认为，技术赋能教学推动了教

---

① 崔新建. 文化认同及其根源[J]. 北京师范大学学报(社会科学版), 2004(4): 102-104, 107.

② 中共中央马克思恩格斯列宁斯大林著作编译局. 马克思恩格斯文集: 第二卷[M]. 北京: 人民出版社, 2009.

③ 中共中央马克思恩格斯列宁斯大林著作编译局. 马克思恩格斯文集: 第一卷[M]. 北京: 人民出版社, 2009.

学模式改革创新，体现了“以学为中心”的教学理念与育人指向，推动了信息技术与课程融合创新的实践形态，更好地适应了新时代学生的特点和学习方式，为学生提供了丰富的知识内容与资源，激发了学生的学习兴趣，提升了学生的认知水平，培养了学生的创新思维，拓宽了学生的视野，促使学生朝着自发学习、自主学习和个性化学习的旨趣成长。[①] 教育信息化是教育变革的内生力量，“是当今教育发展的重要路径，通过技术与教育的融合与协同，可以有效地促进教育教学的变革”[②]，是教育高质量发展的重要推动力。教师作为教育实践的主体，现代教育技术的娴熟运用成为对教师的必然要求，也成为教师必备的基本教育教学能力。

思政课守正创新，实现新的跨越式发展，离不开信息化教学的助力。新媒体技术充分赋能课程教学，与课程育人深度融合是思政课高质量发展的必由之路，也是必然要求，要求思政课教师具备娴熟的信息化教学能力。2019 年，习近平总书记就提出运用现代信息技术等手段建设智慧课堂。2022 年 4 月，习近平总书记走进中国人民大学的“思政课智慧教室”，不仅体现出他对智慧课堂建设的关心和重视，而且反映出智慧课堂建设已成为新时代大学生思政课建设的主要内容之一。毋庸置疑，思政课教师的信息化教学能力成为提升思政课教师素质的新要求，这也是本研究前述调研分析所得出的基本结论。教师的信息化教学能力不仅是时代发展的要求，是教育数字化转型背景下教师的基本教学能力，而且是提升大学生思政课认同的基本要求。当代大学生衣食住用行全时态处于信息化场域，教师只有走入信息化场域，才能和学生处于同样的情境之中，建立起良好的交往基础，破除教与学的情境障碍，走近学生，助力认同。学生是学习的主体，教师只能跟上时代的步伐，循着学生的时代诉求而行，保证时时与学生处于共同的场域中开展

① 张丹，王鹡，袁金平，等. 技术赋能教学模式变革与实践[J]. 中国电化教育，2021(4)：125-138.

② 申国昌，王燕，申霞. 建设高质量教育保障体系：现实依据、基本框架及实施策略[J]. 现代教育管理，2021(11)：26-33.

教育教学活动，任何一方的脱离都会使教学效果大打折扣，无法建立认同的基础。学生学习主观能动性发挥是认同生成的逻辑起点。教师能否适应快节奏的发展变化，是能否走近学生的关键。信息化教学既提高教学效率，又增强教学活力，以生动的真实音视频吸引着学生，充分激发了学生课堂学习的积极性，调动了学生课堂学习的参与性。新冠疫情的突发，迫使教师迅速提升信息化教学能力，熟练使用各类新媒体教学平台。尽管疫情期间线上教学还存在些许不足，但各类新媒体教学平台、信息化教学工具已经涌入课堂教学领域的客观事实是毋庸置疑的。思政课教师当以此为契机，积极参加各级各类信息化教学培训，熟练使用雨课堂、超星课堂等教学平台和微课录编工具等信息化教学工具。

提升思政课教师信息化能力素养，在思政课教学中应用现代信息技术，是党中央对思政课改革创新提出的明确要求，“提升思政课教师信息化能力素养，推动人工智能等现代信息技术在思政课教学中应用”[①]。伴随着信息化快车成长起来的当代大学生是网络“原住民”，对信息技术、新媒体有着莫名的亲切感。随着世界范围内网络信息技术的迅猛发展，网络空间成为当代大学生日常生活的新领地，冗杂的网络信息时时刻刻冲击着大学生的头脑，对课程认同形成挑战。将集图文声像于一体的现代媒体技术应用于思政课教学，一方面，可以将大学生快速带入全力投入的“心流”状态，与新时代大学生信息接受方式相契合，体现亲切感，增强吸引力；另一方面，可以消解课程思想性、理论性带来的枯燥感，增强趣味性。在教学课件中适当地加入图片、音频、微电影等能够活灵活现地展现教学内容的素材，以学生喜闻乐见的方式开展教学活动，改变“大多数老师还停留在初始幻灯片阶段，而对

① 新华社. 中共中央办公厅　国务院办公厅印发《关于深化新时代学校思想政治理论课改革创新的若干意见》[EB/OL].（2019-08-14）. http://www.gov.cn/zhengce/2019-08/14/content_5421252.htm.

于 PPT 强大的功能知之甚少、运用甚少”[①]的现状，增加教学改革的技术含量。

思政课教师要主动提升信息化教学研究能力。信息化教学作为外力，推动课程提高效率，使具有较强抽象性的思政课形象化，有助于克服理论的干涩，使课堂教学变得生动鲜活。思政课教师除对信息平台的应用掌握外，还应深入到理论层面，开展教学技术研究，深入研究科学技术与教学的有效融合，研究科学技术与课程的有效融合，研究技术如何嵌入课程，研究如何应用信息化教学营造良好的课堂教学氛围。只有如此，才能发挥信息技术对教学的推动作用，才能推动课程教学内容创新、方法创新、模式创新等，在这些研究中提高教师的信息化教学理论水平和能力。对信息化教学平台功能的熟练应用，对信息化教学资源的搜集整理与融入，对信息化教学过程的总结、反思与评价，都应纳入信息化教学研究的范畴，并在信息化教学资源建设的实际工作中汲取养分和灵感。

思政课教师要积极参加教师信息化教学培训。有学者研究认为，教师信息化教学能力的提升是“自我驱动”和“学校驱动”双重作用的结果[②]。在《教育信息化 2.0 行动计划》发布后，教师信息化教学能力得到高校高度关注，信息化教学在高校迅速普及并深入开展。高校对教师的信息化教学能力培训空前加强，思政课教师应该以此为契机，积极参加培训学习，广泛交流互促互进。

思政课教师要努力提高信息技术的使用频率。马克思主义认为，实践能够深化和发展认识。思政课教师在教学实践中，主动提高信息化教学频率，是从实践视角提升信息化教学能力的体现。每一次的信息化教学平台、技

---

① 赵继伟. 在改进中加强思想政治理论课教学的着力点[J]. 中南民族大学学报(人文社会科学版)，2017，37(3)：7-8.

② 王小辉，李天龙. 高校教师信息化教学能力：发展逻辑、多元影响与提升路径[J]. 黑龙江高教研究，2022，40(10)：107-112.

术、资源等的使用，都会深化教师对信息化教学的认识与反思，从而改进和提高自身应用信息技术的能力。

5.3.3 增强教学情感把控能力

思政课教师的教学情感把控能力，一方面是把握好自身的教学情感，做好自身的情感管理，以丰富的情感努力塑造深厚的情怀，提升人格魅力；另一方面是把握好学生的学习情感，研究大学生身心成长规律和社会化成长诉求，研究把握学生的情感体验，找准学生的情感共鸣点。

思政课教师要培养自己深厚的情怀。家国情怀、传道情怀、仁爱情怀构成思政课教师的基本情怀。因此，教师可以据此培养自己的教学情感，形成深厚的情怀。中华优秀传统文化饱含丰富而深厚的育人养分，哺育着一代代中华儿女，是中国特色社会主义发展的深厚根基，蕴含着无穷的教育力量。思政课教师要努力学习中华优秀传统文化，传承五千年文明，在中华民族悠久灿烂的历史文化中涵养家国情怀。中国共产党百年奋斗历程，以伟大精神洗刷百年耻辱，形成了伟大的中国共产党精神谱系，铸就了伟大的民族精神，蕴含着无穷的教育力量。思政课教师要努力学习中国共产党精神谱系，传承红色基因，在中国共产党百年红色文化中汲取信仰之力，涵养民族情怀。党的十八大以来，党中央极其重视思政课建设，将其放在治党治国治军的重要战略位置，寄予思政课教师厚望，在薪资待遇、工作条件、科研政策等诸多方面给予关怀，给予思政课教师“可信、可敬、可靠，乐为、敢为、有为”的高度评价，思政课教师应该在这种光荣的时代重任面前坚定执着追求，投入自己的真情实感，努力成为马克思主义理论教育家，涵养传道情怀。思政课教师要时刻关注时代、关注社会、关注政策，在不断地学习和体验中汲取情感的力量，内化于心，涵养情怀。

新时代大学生思政课教师要积极开展情感教学，在反复的教学实践中不断深化发展情怀。新时代大学生思政课除了“教”还要“育”，既要有知识性的教学，还要有信念信仰的培育，启智润心，塑造灵魂。大学生思政课“情感在场”，既能营造良好的使大学生畅游其间的学习氛围，又能突破年龄隔膜，走入学生心灵，引发情感共鸣。新时代大学生思政课教师在教学实践中，努力增强学生的情感体验，用学生的情感体验衡量和评价自身的情感情怀。有学者研究认为，思政课教师“情怀转化与育人实践的对接不力”①。有的思政课教师有深厚的情怀，但是不能很好地将其融入教学，无法很好地将其传递给学生，这就是教师的情绪情感把握能力不足，需要教师深入研究并不断地在课程教学实践中提升。思政课教师情怀转化不畅，与机械灌输、技术过热等，都可以在教学方式方法上找到疏通之道。思政课教学中的机械灌输和技术过热都对大学生的情感认同产生不同程度的影响，造成情感流失。党的十八大以来，大学生思政课改革创新有了突飞猛进的发展，但以自我独白和单向传输为主要表现形式的机械灌输的影子还没有彻底根除，在不同层次院校、不同层次教师中都时有出现，造成一定程度的情感流失，削弱情感认同。不同年龄教师的信息化教学能力不同，如果信息技术使用不当，对思政课的本质把握得不深刻不透彻，容易出现“技术过热”的问题，出现娱乐化倾向，削弱了情感认同。实践是最好的“训练场”。教师应该在日常的思政课教学实践中，有意识地进行情感教学，流露对民族国家的深沉之爱，表达对马克思主义理论教育的真情实感，展现对学生的关爱，善用真情实感打动学生，感染学生。只有触动灵魂的教育才能发挥引导的作用，提升教师的教学情感把握能力是提升教师情怀的重要路径，是提升大学生思政课认同的重要手段。

中华优秀传统文化中所讲的“亲其师，信其道”，就是指学生与自己的老师关系和谐，愿意亲近老师，自然会认同他讲的道理，这种亲切与亲近的感受正是情感认同的重要体现。因此，思政课教师要时刻提升自身的教学情感

① 洪波，郭昭昭. 新时代高校思政课教师情怀培育的科学向度[J]. 江苏高教，2022(10)：98-101.

把控能力，使自己成为有深厚情怀的人，用真情感染学生。

5.3.4 提高课堂性话语亲和力

主体性话语运用能力是指教育者运用具备受教育者主体性特征的话语开展教育教学实践活动的能力，要解决的是教育者与受教育者话语同一性的问题。这里面既涉及话语体系、思维特征，又涉及具体的概念、词语的运用。话语不仅是一种表现形式，也是一种行为方式。话语同一性是双方良好交往的基础。教师作为教育的主导者、教学的设计者，需要根据“学情”的变化，“主动适应青年一代的思维模式与学习习惯”①，建构具有学生主体性特征的话语体系，以实现同一性，形成良好的教学关系。

思政课教师要面向生活，热爱生活，凝练生活化的话语。生活是最好的教科书，思政课教师和大学生均处于共同的祖国时空下，处于共同的信息网络环境中，能够接触到共同的主体性话语，但由于年龄的差异，有时出现规避部分青年话语的现象。思政课教师只有走入生活，才能体会青年大学生话语的活力与内涵，凝练接近主体性话语形态的话语，走入青年大学生的话语环境，并继续生成与发展时代话语，将话语有机融入思政课教学。

思政课教师要面向学生，了解学生，学习学生化的话语。学生是学习的主体，教师只有把学生真正带入课程学习中，才能调动其学习兴趣，激发其学习动机，使其积极地参与到学习中来。“话语是实践主体思想意向与价值导向的表达载体与文化符号。”②思政课教师对主体性话语的运用能力是教师对学生话语尊重的体现，更是对学生个性特点与生活的深刻认识与把握的体现。思政课教师在教学中恰当使用主体性话语，靠近学生话语言说的姿态，成为提升大学生情感认同、课程认同的通途。话语“从社会学的角度来看，

① 王易. 推进新时代思想政治理论课高质量发展[J]. 红旗文稿，2022(6)：39-42.

② 王林林，双传学. 中国特色社会主义制度的人民主体话语逻辑[J]. 北京社会科学，2021(9)：15-22.

强调话语涉及的权利及人际关系等”[①]，学生话语权体现了学生的主体地位，其获得在一定程度上有利于巩固学生在教育活动中的主体地位。思政课课堂由于缺少有效互动，缺乏真挚的情感交流，学生处于被动的接受地位，失去课堂学习的主体性，难以产生情感认同，实现课程认同，这必然要求思政课教师有较高的主体性意识。话语是课堂教学的工具，离开话语课堂教学就黯淡无光，失去活力。教师对学生话语的重视有助于建立平等的师生关系，教师应学生而动，应情境而变，才能使课堂彰显活力，生机勃勃。

随着“新时代高校思想政治理论课创优行动”的扎实推进，“建设一支专职为主、专兼结合、数量充足、素质优良的高校思想政治理论课教师队伍”[②]的目标取得重大进展，截至 2021 年 11 月底，登记在库的专兼职思政课教师数量为 12.7 万，同 2016 年比增加了 6 万人，“高学历、年轻化已成为思政课教师队伍发展新状态”[③]。队伍规模基本完备，素质提升方面也已经采取了多方面的措施，如全员培训、专题研修、实践研学、在职进修、集体备课等。如何发挥这支庞大信仰之师的思想政治教育优势是整体提升思政课认同及效果的关键。高校要坚持党的领导，党委教师工作部要加强思政课教师系统培训的顶层设计，马克思主义教学部门要发扬思政课教师培养的优良传统，采用传帮带、助教助课等做法。思政课教师不但要跟上时代的步伐，而且要走在时代的前列。习近平总书记在学校思想政治理论课教师座谈会上专门对思政课教师提出“六要”要求，对思政课教学提出“八个相统一”的要求，内涵深刻，思想深邃，要求新时代的思政课教师不仅要学习马克思主义

---

① 朱琳，李子建. 学生话语的内涵和重要性：课程与教学的转向[J]. 当代教育与文化，2014，6(4)：56-60.

② 中华人民共和国教育部. 教育部关于印发《普通高等学校思想政治理论课教师队伍培养规划(2019-2023 年)》的通知[EB/OL]. (2019-04-29). http://www.gov.cn/xinwen/2019-04/29/content_5387361.html.

③ 格局性变化 历史性成就[N]. 中国教育报，2021-12-08(3).

理论，还要广泛学习各门各类知识，不仅要学习中国的，还要学习外国的，不仅要学习当代的，还要学习古代的，带着广阔的视野和科学的真理，理直气壮地走入课堂。

第6章

结论与展望

认同研究离不开对认同结构与机理的研究，离不开对认同度的测量。新时代大学生思政课认同概念与认同结构的界定、机制机理的探明、量表的制定和提升的着力点探究形成了本研究的主要贡献。系统化的定性分析和多学科的理论阐释是未来丰富新时代大学生思政课认同研究的重要方面。

6.1　结论

本研究通过深入剖析和严谨论证后，得出了以下四点结论。

第一，编制出新时代大学生思政课认同量表。经校验获得了良好信效度的测评量表，能够作为新时代大学生思政课认同现状的测量工具。调查结果为提出新时代大学生思政课认同提升对策，进一步加强和改进新时代大学生思政课建设提供了客观依据。本研究在文献研究的基础上，依次通过扎根理论对访谈材料进行编码分析，通过 SPSS26.0 对调研数据进行分析，对大学生思政课认同结构模型进行修订，得出新时代大学生思政课认同由课程内容、教师素质、教学方法、学习收获四维度构成。虽然调研中大学生认为课程考核方式也是影响其认同的重要因素，前述研究综述中也发现有学者将之列为要素，但本研究经分子聚合分析发现，课程考核方式并不能进入其中。为新时代大学生思政课认同现状测量编制了《新时代大学生思政课认同调查问卷》，以国内在读本科生为研究对象，面向华北、东北、华东、华南、西南、西北六大地区的 22 省份的 53 所普通高校开展调研，收回有效问卷 4315 份，最后形成的《新时代大学生思政课认同量表》具有良好的信度与效度，能够作为新时代大学生思政课认同现状的测量工具。

第二，新时代大学生思政课认同在普遍提升的同时存在不足。经调查研究得出了对思政课认同基本状况的判断。党的十八大以来，在党中央的高度重视下，在全国思政课教师勠力同心的奋斗下，新时代大学生思政课建设取得了突飞猛进的发展，取得了喜人的结果和建设经验，总体上得到大学生普遍认同，主要表现为“五高”，即整体认同度较高、内容认同度最高、方法认同度较高、教师认同度次高、学习收获感也高。但是，在深层次上还存在着学生的理论获得感相对较低、民族观内容认同相对较低、方法创新认同相对较低、技术赋能认同相对较低等“四低”；其主要原因在于思政课教师教学理论阐释的透彻性不够，课程内容涵盖的针对性不够，课程教学方式方法的科学性不足，教师教学能力具有单一性，影响因素包括“六差异”，即性别差异、身份差异、生源地差异、年级差异、专业差异、高校所在地差异。

第三，新时代大学生思政课认同作为一种认识现象，有一个由无到有、高低变化的过程，其动力机制、过程机制、评价机制、反馈机制共同构成了认同机理。新时代大学生思政课认同生成于大学生社会化需要，生成于高等教育立德树人的需要，生成于思政课教师的言传身教，经过认知认同、情感认同和行为认同循环反复、相互作用的过程机制，以正规评价、自我评价和专项评价形成的评价机制来检验认同度。大学生思政课认同缘起大学生的社会化需要，随着各门思政课的陆续学习，不断检验和深化自己对课程内容的认知认同和情感认同，开始逐步强化课程认同活动。教师作为教育的主导者，不仅对由学生认知认同、情感认同和行为认同形成的过程机制有极其重要的影响，而且对整个认同系统都有重要的影响。在思政课学习中，学生的“归属感”主要来自教师。学生在师生教学互动中产生积极的情感体验，建立并深化学业关系、师生关系，对教师讲授的课程产生情感带入，这种互动越深入，越能催生学生强烈的归属感和情感依恋，对课程的情感认同度就越高。课程教学方法直接影响大学生对课程学习难易度的认知，更影响情感认同，教学方法是教学内容达成教育效果的关键，能够让学生明显感受到课程内容的易学易用。良好的学习收获是学生对课程满足自身社会化需要和对课程学习难易度的亲身确认，成为持续提升大学生思政课认同的重要推动力，是将思政课认同机制要素推向循环往复的重要力量。

第四，提升对新时代大学生思政课认同规律的认识，提升新时代大学生思政课课程内容质量，提升新时代大学生思政课教师的素质能力，是提升大学生思政课教学质量的重要着力点。对于新时代大学生思政课认同规律，需要进行准确的把握和深刻的理解，可以从先进的理论启发、真诚的情感促进、丰富实践锻炼等方面加强；思政课教学内容需要从中国化时代化理论、内容的针对性、世界历史视野等维度进行建设；文化强国、教育强国、人才强国建设的战略要求，都对思政课教师素质提出了更高的要求。思政课教师需要从坚定的理想信念、新技术的应用、情感教学、话语能力建设等方面着手提升自身的素质能力。

6.2 创新点

(1)界定了新时代大学生思政课认同的概念及结构，并据此编制出测量量表。本研究认为新时代大学生思政课认同是新时代大学生对思政课认同的态度和程度的判断，可以通过他们对思政课的课程内容、教学方法、教师素质和学习收获四个维度的评价来测量认同度，据此概念操作定义编制出调查问卷和测量量表。

该量表是在通过问卷调研和访谈调研对概念进行操作定义的基础上，经过 300 个小样本测试后，对样本数据进行探索性因子分析，删除因子负荷值小于 0.5 的题项，将量表结构从五个维度降至四个维度，再对样本数据进行验证性因子分析，发现 CFA 模型各个因子分析指数都已经达到了相对理想的程度，模型的整体适配度达到良好，量表具备深入研究的结构效度，最后进行 4315 个大样本调研，对样本数据进行分析，其四个维度的组合信度(CR)和一致性信度较高，结构效度理想。量表得到上述科学统计检验分析，科学有效，可以为学界同行提供量化研究参考。

(2)提出了对新时代大学生思政课认同“五高”“四低”“六差异”的基本状况的判断，对其形成原因、影响因素及形成机理进行了深入分析和阐释。所谓“五高”“四低”“六差异”，是指在一级指标课程体系、教学内容、教学方法、学习收获和教师素质五个方面大学生的认同度“高”，而在理论获得感、民族观内容、教学手段、教学创新等二级指标四方面大学生的认同度相对“较低”，在性别、身份、生源地、年级、学科专业和院校所在地域等六方面大学生的认同度具有一定的“差异性”。

研究认为，产生上述情况的主要原因是思政课教学理论阐释的透彻性不足、部分内容涵盖的针对性不强、方式方法的科学性不够和教师教学能力存在单一性的特点。本研究尝试从新时代大学生思政课认同的机理，包括生成、过程和评价与反馈机制等，对新时代大学生思政课认同的基本状况和存在的问题进行科学分析和阐释，进行一定的探索与解读。研究发现，新时代大学生思政课认同生成于大学生自身社会化的主观需要，源于高等教育立德树人根本任务的客观需要，得益于思政课教师的言传身教，经过认知认同、情感认同和行为认同等过程和环节循环往复、相互促进、不断强化，通过正规评价、自我评价和专项评价三个方面的协同作用形成新时代大学生思政课认同系统的评价机制，为之后的反馈调节提供实践依据。

(3)提出了新时代大学生思政课认同度的“三提升”策略。一是提升对新时代大学生思政课认同规律的认识，要依据大学生思政课认同的机理用先进理论启发大学生认同自觉，用教师的真诚情感促进认同内化，用大学生的生动实践锤炼认同行为，以实现对新时代大学生思政课认同规律的科学把握；二是要提升思政课教学的质量，即提升教学理论的时代性，提高教学内容的针对性，拓展教学视野的社会性；三是有效提升新时代大学生思政课教师素质能力，即提升教师的立场信念坚守能力，提升教师技术赋能教学的能力，增强教师教学情感把控能力，提高教师课堂性话语亲和力等，从而全面提升新时代大学生思政课认同，提升新时代大学生思政课教学的实效性。

6.3 展望

新时代大学生思政课认同状况深入、系统的定性分析。本研究虽然对新时代大学生思政课认同进行了定量分析，建立了研究的基础，但是对于得到的数据还没有做深入、系统的分析，比如原因分析还不够，还可以再深入。本研究主要是从总体状况上进行了分析，对其中有疑问的地方还需要进行深入细致的分析，从定性分析方面能够更好地挖掘定量分析的信息，使得定性分析有科学依据，在定性定量分析的基础上形成。定量分析是本研究取得的主要成就，但是相对于定量分析定性分析下的功夫还不够，对于量化分析结论背后的关系分析得还不够具体透彻。

新时代大学生思政课认同的内在规律与表达方式分析。本研究主要做了新时代大学生思政课认同机理和模式的分析，只是做了一般性的机理分析，并没有以论文创新点的方式进行更加深入多维的分析，还有必要运用不同学科的理论，特别是系统科学理论，对新时代大学生思政课认同系统进行深入探索。

教师善用“大思政课”理念的教学素质提升。本研究对新时代大学生思政课教师的信念坚守、技术赋能、情感把握、话语运用等素质能力提升进行了研究，同时对其时代性教学理论的坚持、针对性教学内容的提高、社会性教学视野的拓展也进行了研究，这些素质能力要全面提高。但本研究对其素质能力广泛性的研究还不够，尚需深入阐述。善用“大思政课”，是习近平总书记对思政课建设的重要指示，是落实思政课立德树人关键课程任务的思维创新，要求思政课教师具有大局思维、系统思维、历史思维、协同思维。新时代大学生思政课教师善用“大思政课”理念，这种教学素质的提升还要进一步丰富研究。

参考文献

一、马克思主义经典著作、党的文献类

[1]中共中央马克思恩格斯列宁斯大林著作编译局. 马克思恩格斯选集：第一卷[M]. 北京：人民出版社，2012.

[2]中共中央马克思恩格斯列宁斯大林著作编译局. 马克思恩格斯选集：第二卷[M]. 北京：人民出版社，2012.

[3]中共中央马克思恩格斯列宁斯大林著作编译局. 马克思恩格斯文集：第一卷[M]. 北京：人民出版社，2009.

[4]中共中央马克思恩格斯列宁斯大林著作编译局. 马克思恩格斯全集：第二卷[M]. 北京：人民出版社，1957.

[5]中共中央马克思恩格斯列宁斯大林著作编译局. 马克思恩格斯全集：第三卷[M]. 北京：人民出版社，1960.

[6]中共中央马克思恩格斯列宁斯大林著作编译局. 马克思恩格斯全集：第一卷[M]. 北京：人民出版社，1982.

[7]中共中央马克思恩格斯列宁斯大林著作编译局. 马克思恩格斯全集：第十卷[M]. 北京：人民出版社，1998.

[8]列宁. 哲学笔记[M]. 林利，等译. 北京：中共中央党校出版社，1990.

[9]中共中央马克思恩格斯列宁斯大林著作编译局. 列宁全集：第六卷[M]. 北京：人民出版社，2013.

[10]中共中央马克思恩格斯列宁斯大林著作编译局. 列宁全集：第二十五卷[M]. 北京：

人民出版社，2017.
[11]中共中央马克思恩格斯列宁斯大林著作编译局. 列宁全集：第五十五卷[M]. 北京：人民出版社，2017.
[12]毛泽东. 毛泽东选集：第一卷[M]. 北京：人民出版社，1991.
[13]中共中央文献研究室. 毛泽东文集：第六卷[M]. 北京：人民出版社，1999.
[14]中共中央文献研究室. 毛泽东文集：第八卷[M]. 北京：人民出版社，1999.
[15]邓小平. 邓小平文选：第二卷[M]. 北京：人民出版社，1994.
[16]邓小平. 邓小平文选：第三卷[M]. 北京：人民出版社，1994.
[17]江泽民. 江泽民文选：第一卷[M]. 北京：人民出版社，2006.
[18]江泽民. 江泽民文选：第二卷[M]. 北京：人民出版社，2006.
[19]习近平. 习近平谈治国理政：第一卷[M]. 北京：外文出版社，2018.
[20]习近平. 习近平谈治国理政：第二卷[M]. 北京：外文出版社，2017.
[21]习近平. 习近平谈治国理政：第三卷[M]. 北京：外文出版社，2020.
[22]习近平. 决胜全面建成小康社会夺取新时代中国特色社会主义伟大胜利：在中国共产党第十九次全国代表大会上的报告[M]. 北京：人民出版社，2017.
[23]中共中央文献研究室. 习近平关于社会主义文化建设论述摘编[M]. 北京：中央文献出版社，2017.
[24]中共中央宣传部. 习近平总书记系列重要讲话读本[M]. 北京：学习出版社，2014.
[25]中共中央宣传部. 习近平总书记系列重要讲话读本[M]. 北京：学习出版社，2016.
[26]中央档案馆. 中共中央文件选集：第 8 册[M]. 北京：中共中央党校出版社，1991.

二、中文文献

(一)著作

[27]沈壮海. 新编思想政治教育学原理[M]. 北京：中国人民大学出版社，2022.
[28]黄显华. 寻找课程与教学的知识基础[M]. 香港：香港中文大学出版社，2000.
[29]邢鹏飞. 大学生中国特色社会主义理论体系认同研究[M]. 北京：社会科学文献出版社，2019.
[30]方旭光. 政治认同的逻辑[M]. 北京：中国社会科学出版社，2018.

[31]佘双好. 思想政治理论课程教学法探析[M]. 北京：中国人民大学出版社，2018.
[32]吴潜涛. 思想政治教育教学与研究[M]. 北京：中国人民大学出版社，2018.
[33]沈壮海. 思想政治教育有效性研究[M]. 武汉：武汉大学出版社，2016.
[34]薛焱. 当代中国主流文化认同研究[M]. 北京：社会科学文献出版社，2016.
[35]吴扬. 中国大学生思想政治理论课程观研究[M]. 北京：中国社会科学出版社，2016.
[36]张智强. 高校思想政治理论课讨论式教学研究[M]. 上海：上海人民出版社，2012.
[37]李朝辉. 教学论[M]. 北京：清华大学出版社，2010.
[38]教育部社会科学司. 普通高校思想政治理论课文献选编(1949-2006)[M]. 北京：中国人民大学出版社，2007.
[39]张耀灿，郑永廷，吴潜涛，等. 现代思想政治教育学[M]. 北京：人民出版社，2006.
[40]王成兵. 当代认同危机的人学解读[M]. 北京：中国社会科学出版社，2004.
[41]胡木贵，郑雪辉. 接受学导论[M]. 沈阳：辽宁教育出版社，1989.
[42]邱柏生. 思想政治教育接受学[M]. 太原：山西人民出版社，1989.
[43]夏甄陶. 认识发生论[M]. 北京：人民出版社，1991.
[44]童庆炳. 现代心理美学[M]. 北京：中国社会科学出版社，2009.
[45]尤尔根・哈贝马斯. 交往与社会进化[M]. 张博树，译. 重庆：重庆出版社，2005.
[46]拉尔夫・泰勒. 课程与教学的基本原理[M]. 施良方，译. 北京：人民教育出版社，1994.
[47]夸美纽斯. 大教学论[M]. 傅任敢，译. 北京：教育科学出版社，1999.
[48]戴维・莫利，凯文・罗宾斯. 认同的空间：全球媒介、电子世界景观和文化边界[M]. 司艳，译. 南京：南京大学出版社，2001.
[49]马克斯・韦伯. 经济与社会[M]. 林荣远，译. 北京：商务印书馆，1998.
[50]曼海姆. 意识形态与乌托邦[M]. 李步楼，等译. 北京：商务印书馆，2014.
[51]安东尼・吉登斯. 现代性的后果[M]. 田禾，译. 南京：译林出版社，2011.
[52]塞缪尔・亨廷顿. 文明的冲突与世界秩序的重建[M]. 周琪，刘绯，张立平，等译. 北京：新华出版社，2002.

(二)论文

[53]王易. 推进新时代思想政治理论课高质量发展[J]. 红旗文稿，2022(6)：39-42.
[54]佘双好，罗佳. 推动新时代思想政治理论课程观的变革[J]. 湖北社会科学，2022

(2): 144-149.

[55]张琳，于建贵. 习近平“精准思维”重要论述的理论阐释与科学逻辑[J]. 思想理论教育导刊，2021(12)：45-50.

[56]林钧昌，张宏溧，赵民. 学习心理视域下铸牢大学生中华民族共同体意识路径探析[J]. 黑龙江民族丛刊，2021(6)：11-17.

[57]徐丹，徐慧. 同伴·教师·辅导员：各类人际互动如何影响“双一流”高校本科生的院校归属感？[J]. 大学教育科学，2021(6)：51-60.

[58]王晨. 新时代高校思政课守正创新探析[J]. 学校党建与思想教育，2021(14)：67-69.

[59]张守连，张星亮. 大学生思想政治教育获得感的心理机制和提升路径探析[J]. 学校党建与思想教育，2021(14)：85-87.

[60]吴艳东. 准、透、活：讲好思政课的三个着力点[J]. 思想理论教育导刊，2021(5)：92-95.

[61]刘文芳. 高校思政课课程认同建构：价值、困境、路径[J]. 四川警察学院学报，2020，32(6)：116-121.

[62]谭培文，李云峰. 新时代思想政治理论课教师话语身份探析[J]. 现代教育管理，2020(8)：30-35.

[63]何博，张妍. 大众马克思主义认同的生成机制与培育路径研究[J]. 探索，2020(4)：5-15.

[64]黄灿. 高校影视类课程认同与共同体教育路径研究[J]. 长沙大学学报，2020，34(3)：145-148.

[65]孙代尧. 以学理性增强高校思想政治理论课的实效性[J]. 思想教育研究，2020(4)：121-124.

[66]刘建军，王慧敏. 新时代的基本特征及其对思想政治教育的影响[J]. 思想政治教育研究，2020，36(2)：1-6.

[67]刘晓亮，沈壮海. 关键课程发挥关键作用：基于2014—2018年新时代大学生思想政治理论课认同研究高校思想政治理论课建设调查数据的分析[J]. 中国高等教育，2019(9)：27-30.

[68]王易，茹奕蓓. 论思想政治教育获得感及其提升[J]. 思想理论教育导刊，2019(3)：107-112.

[69]詹小美，李征. 民族观教育与铸牢中华民族共同体意识[J]. 思想理论教育，2019(1)：19-25.

[70]赵旭东. 真正回到人的生活场景之中去：武汉大学朱炳祥教授新著《自我的解释》读后[J]. 西北民族研究，2018(3)：100-104.

[71]王冠文，王丹. 马克思主义民族观教育的时代性[J]. 贵州民族研究，2018，39(1)：217-220.

[72]刘建军. 全面把握思想政治理论课建设的基本规律[J]. 思想教育研究，2017(4)：57-61.

[73]十二届全国人大五次会议举行记者会教育部部长陈宝生就“教育改革发展”答记者问[J]. 中国高等教育，2017(6)：4-11.

[74]吴智文. 图式转换：高校思想政治理论课认同提升的现代考察[J]. 教育评论，2015(11)：137-140.

[75]周海银. 普通高校课程建设的向度：基于山东省普通高校毕业生课程满意度的调查[J]. 教育研究，2015，36(10)：37-46.

[76]沈壮海，段立国. 2014 年度大学生思想政治状况分析：基于全国 30 所高校的调查[J]. 思想理论教育导刊，2015(8)：98-103.

[77]钟俊生，李雪松，王伶. 当代大学生民族观教育问题探究[J]. 民族教育研究，2015，26(2)：35-38.

[78]奚彦辉，李庆华. 思想政治教育“认同”概念的理论探讨[J]. 学术论坛，2015，38(4)：154-159.

[79]赵官虎，胡萃，陈丹，等. 基于 TAM3 模型的大学生网络学习行为影响因素研究[J]. 中国教育技术装备，2015(4)：44-45.

[80]李国珍. 大学课程学习的满意度研究：以武汉市高校 2500 名高校大学生的调查为例[J]. 高等教育研究学报，2014，37(1)：51-55.

[81]邱伟光. 培育大学生社会主义核心价值观认同机制探析[J]. 思想政治课研究，2014(1)：6-9.

[82]王永和. 围绕“认知、认可、认同”构建思想政治理论课课堂教学方法体系[J]. 思想理论教育导刊，2013(10)：79-81.

[83]詹小美，王仕民. 文化认同视域下的政治认同[J]. 中国社会科学，2013(9)：27-39.

[84]陈锡敏. 认同：思想政治教育学的新范畴[J]. 教学与研究，2013(9)：106-112.

[85]邹日强. 马克思主义民族观教育的思考[J]. 河北大学学报(哲学社会科学版)，2013，38(4)：34-38.

[86]王易，朱小娟. 思想政治教育认同初探[J]. 思想理论教育导刊，2013(5)：97-103.

[87]蓝波涛. 高校民族观教育课程设置探究[J]. 民族教育研究，2013，24(2)：10-14.

[88]张智强，陈代波. 高校思想政治理论课讨论式教学模式实践探索[J]. 思想理论教育，2013(5)：57-60.

[89]朱红艳，金萍. 湖北省思想政治理论课程教学学生满意度调查[J]. 湖北经济学院学报(人文社会科学版)，2011，8(7)：175-176.

[90]奚彦辉. 大学生思想形成的认同机制探究[J]. 思想理论教育导刊，2011(4)：99-102.

[91]本刊记者. 扎扎实实贯彻落实好加强和改进高校思想政治理论课工作会议精神：访教育部社科司司长杨光[J]. 思想理论教育导刊，2008(9)：4-7.

[92]施章清，周幼萍，施丽君. 高校思想政治理论课学生满意度调查研究[J]. 吉林省教育学院学报，2008(7)：28-30.

[93]解月光，邢志芳. 普通高中学生通用技术课程认同现状调查与分析[J]. 课程. 教材. 教法，2007(6)：64-69.

[94]解月光. 高中信息技术课程实施阶段的教师课程认同研究[J]. 中国电化教育，2006(1)：20-24.

[95]崔新建. 文化认同及其根源[J]. 北京师范大学学报(社会科学版)，2004(4)：102-104，107.

[96]黄世虎. 论思想政治教育的接受机制[J]. 求实，2001(5)：59-61.

[97]刘绍勤. 论教学风格的形成[J]. 中国高教研究，2001(2)：73-74.

[98]刘建军. 接受理论对思想政治教育的启示[J]. 教学与研究，2000(2)：70-74.

[99]王小辉，李天龙. 高校教师信息化教学能力：发展逻辑、多元影响与提升路径[J]. 黑龙江高教研究，2022，40(10)：107-112.

[100]胡鹏. 论新时代思想政治教育内容的"变"与"不变"[J]. 思想政治教育研究，2022，38(2)：87-92.

[101]陈萌，于滢，侯永朝. 大数据视域下大学生社会主义核心价值观认同教育探析[J]. 思想教育研究，2022(3)：153-158.

[102]申国昌，王燕，申霞. 建设高质量教育保障体系：现实依据、基本框架及实施策略[J]. 现代教育管理，2021(11)：26-33.

[103]王鉴，姜纪垒. 中国共产党立德树人教育思想的百年历程与基本经验[J]. 教育研究，2021，42(7)：16-26.

[104]张丹，王鹳，袁金平，等. 技术赋能教学模式变革与实践[J]. 中国电化教育，2021(4)：125-138.

[105]田鹏颖. 立德树人的历史方位与战略逻辑[J]. 马克思主义与现实，2021(2)：181-187.

[106]冯秀军. 新时代高校思政课教师队伍建设难点及其突破[J]. 国家教育行政学院学报，2021(1)：17-22.

[107]张雷声. 思想政治理论课建设的“守正”与“创新”[J]. 理论与改革，2021(1)：20-25.

[108]翁铁慧. 加快推进高质量马克思主义理论教育体系建设[J]. 高校马克思主义理论教育研究，2020(1)：8-11.

[109]王鉴，姜纪垒. “立德树人”知识体系的百年演进及其经验总结[J]. 东北师大学报(哲学社会科学版)，2020(6)：10-21.

[110]刘建军. 论思想政治教育内容的基本形态[J]. 思想理论教育导刊，2020(9)：111-115.

[111]陈勇，马晓燕. 新时代高校思想政治理论课维护国家意识形态安全的责任担当[J]. 思想理论教育导刊，2020(9)：145-151.

[112]林华开，龙静云. 思想政治教育认同的概念界定和把握[J]. 思想教育研究，2020(5)：23-27.

[113]孙来斌. 列宁灌输理论的当代价值澄明[J]. 思想理论教育，2020(3)：27-33.

[114]张婧，吴先伍. 博弈论视野下思想政治教育认同的生成逻辑[J]. 思想教育研究，2019(11)：36-41.

[115]赵静. 马克思主义经典作家关于思想政治教育内容述要[J]. 思想教育研究，2019(10)：55-59.

[116]朱苇苇，王峰，黄志斌. 重要他人理论视角下大学生思想政治理论课认同的影响因素及提升对策研究[J]. 思想教育研究，2019(10)：113-117.

[117]何海涛，刘宇. 思政课大学生“坐后排”现象的调查分析[J]. 学校党建与思想教育，2019(20)：41-43.

[118]侯玉环，胡晓红. 改革开放以来中国共产党立德树人思想的转型发展[J]. 广西社会

科学，2019(7)：53-59.

[119]刘晓亮，沈壮海.关键课程发挥关键作用：基于2014—2018年高校思想政治理论课建设调查数据的分析[J].中国高等教育，2019(9)：27-30.

[120]董金明，陈梦庭.新时代立德树人视角下高校思政课教学的难题与对策[J].中国高等教育，2019(6)：34-36.

[121]张锅红.自媒体时代大学生对思想政治教育的认同研究[J].中国高等教育，2019(1)：42-44.

[122]骆郁廷.改革开放40年来高校思想政治理论课教师队伍建设的历史发展[J].思想理论教育导刊，2018(10)：16-24.

[123]陈占安.改革开放以来高校思想政治理论课建设的回顾与展望[J].思想理论教育，2018(10)：21-27.

[124]杨雅涵.学生接受思想政治教育内在动力探析[J].教学与管理，2018(27)：68-70.

[125]程美东.让真理和思想的光辉照亮思想政治理论课课堂：基于2017年教育部思想政治理论课大听课的一点思考[J].思想教育研究，2017(7)：60-62.

[126]张博，李庆华.论思想政治教育疏导[J].思想理论教育导刊，2017(4)：131-134.

[127]刘新全.论当代青年学生思想政治教育接受的内在发生机制[J].思想政治教育研究，2016，32(1)：100-104.

[128]廖阔，李国华.高校思想政治理论课教学内在张力及消解策略研究：基于接受美学的视阈[J].广西社会科学，2015(7)：213-215.

[129]奚彦辉，李庆华.思想政治教育"认同"概念的理论探讨[J].学术论坛，2015，38(4)：154-159.

[130]顾海良，张雷声.改革开放以来高校思想政治理论课教师队伍建设概论[J].教师教育学报，2014，1(2)：20-30.

[131]李崇富.马克思主义国家观和国家认同问题[J].中国社会科学，2013(9)：5-15.

[132]于涓，佘双好.从文化建设的视角看社会主义核心价值观的培育和践行：访中国社会科学院马克思主义研究院顾问、武汉大学教授陶德麟[J].马克思主义研究，2014(4)：13-22，72.

[133]魏永强，郑大俊.思想政治教育认同的心理结构及其生成机制[J].学校党建与思想教育，2014(5)：16-18，21.

[134]王永和.围绕"认知、认可、认同"构建思想政治理论课课堂教学方法体系[J].思想

理论教育导刊，2013(10)：79-81.

[135]王易，朱小娟. 思想政治教育认同初探[J]. 思想理论教育导刊，2013(5)：97-103.

[136]项久雨，陈涛. 高校思想政治理论课教师队伍建设的二重维度[J]. 思想教育研究，2013(1)：69-72.

[137]胡伯项，贾凌昌. 思想政治教育社会认同的动力来源与模型构建[J]. 学校党建与思想教育，2013(1)：11-14.

[138]王树荫，温静. 中国共产党九十年思想政治教育疏导方针的发展演变[J]. 思想教育研究，2011(6)：10-15.

[139]周婷. 人文关怀：思想政治教育社会认同的必要支撑[J]. 求实，2008(10)：74-75.

[140]贾英健. 经济全球化进程中价值认同的多重方式[J]. 中共济南市委党校学报，2007(3)：27-32.

[141]张雷声. 思想政治理论课："三观"教育的主渠道[J]. 高校理论战线，2007(1)：42-46.

[142]朱小蔓. 情感是人类精神生命中的主体力量[J]. 南京林业大学学报(人文社会科学版)，2001(1)：55-60.

[143]佘双好，王珺颖. 推进"大思政课"建设的指导思想和根本遵循：学习习近平总书记关于"大思政课"的重要论述[J]. 马克思主义理论教学与研究，2022，2(4)：124-130.

[144]周良发，韩剑尘. 智能技术赋能高校思政课差异化教学的若干思考[J]. 马克思主义理论教学与研究，2022，2(4)：139-145.

[145]洪岩. "大思政课"视野中的沉浸式教学探析[J]. 思想理论教育导刊，2022(9)：123-129.

[146]李蕉. "大思政课"的历史方位与理论定位[J]. 思想理论教育导刊，2022(9)：101-108.

[147]张文剑. 加强新时代高校思政课教师队伍建设的三重维度[J]. 思想理论教育导刊，2022(8)：112-117.

[148]陈东琼，段国鹏. 试论习近平新时代人才观[J]. 高校马克思主义理论教育研究，2022(4)：53-61.

[149]徐川. 新时代高校思政课改革创新的四重向度[J]. 高校马克思主义理论教育研究，2022(4)：62-70.

[150]班高杰，袁雷.高校思政课教学供需矛盾的四重表现及其对策[J].高校马克思主义理论教育研究，2022(4)：71-79.

[151]宫长瑞，张乃亮.人工智能赋能“大思政课”的育人图景和实践策略[J].中国大学教学，2022(8)：15-20.

[152]熊晓琳，孙希芳.高校思政课教师的核心素养及提升路径[J].思想理论教育导刊，2022(7)：88-94.

[153]田珊.数字化红色文化资源赋能高校思政课的价值及路径探析[J].思想理论教育导刊，2022(7)：155-159.

[154]吴潜涛，潘一坡.党的十八大以来学校思政课建设的创新发展[J].思想理论教育导刊，2022(7)：77-87.

[155]申亚萌.党史教育融入思政课教学的逻辑理路、实践路径与现实启示[J].理论建设，2022，38(3)：66-72.

[156]阎国华，闫晨.高校思政课获得感的师生互促视角探究[J].思想理论教育导刊，2022(6)：98-104.

[157]张家玮.“大思政课”视域下高校实践育人的功能定位与优化路径[J].思想理论教育导刊，2022(6)：146-152.

[158]多士平，刘凯亚.论中华优秀传统文化与马克思主义的契合性[J].高校马克思主义理论教育研究，2022(3)：13-22.

[159]吴雪峰.坚定理想信念，补好精神之“钙”[J].高校马克思主义理论教育研究，2022(3)：109-119.

[160]刘世强，李政佼.中国共产党百年对外交往成就和经验融入高校思政课教学探析[J].高校马克思主义理论教育研究，2022(3)：61-69.

[161]单文鹏.善用“大思政课”的多维探析[J].思想理论教育导刊，2022(5)：153-159.

[162]王易.中国共产党精神谱系有机融入思政课教学研究[J].教学与研究，2022(5)：13-18.

[163]董佳.讲深讲透讲活：提升新时代高校思政课教师教学能力[J].教学与研究，2022(5)：24-29.

[164]赵志业，赵延安.新时代高校思政课教学有效性提升的逻辑理路与方法创新[J].中国大学教学，2022(5)：61-68.

[165]吴学琴.新中国成立以来我国思政课话语变迁逻辑[J].马克思主义理论教学与研

究，2022，2(2)：108-115.

[166]安静.5G技术背景下高校思政课改革的机遇、挑战与路径[J].思想理论教育导刊，2022(4)：118-123.

[167]操菊华.人工智能赋能思政课教学精准化的理论逻辑与实践图景[J].思想理论教育导刊，2022(4)：141-147.

[168]李国锋，任凤琴.构建新时代高校思政课深度学习线上教学共同体探析[J].高校马克思主义理论教育研究，2022(2)：99-106.

[169]王哲.立足"四史"强化思政课教学的感性支撑力[J].思想理论教育导刊，2022(3)：170-175.

[170]李巧针.新时代高校思政课教学改革：问题与思路[J].中国大学教学，2022(Z1)：102-106.

[171]谭劲松，闫成松.新时代思政课建设要在"两个提高"上攻坚克难[J].高校马克思主义理论教育研究，2022(1)：91-96.

[172]刘凤义.树立"大思政课"观推动新时代思政课高质量发展[J].马克思主义理论教学与研究，2022，2(1)：109-115.

[173]贾妍春.文化育人：地方优秀文化融入思政课的育人功能及实施路径[J].高教学刊，2021，7(35)：158-161.

[174]王雅丽，石安妮."大思政课"视域下网络视频思政叙事创新探析[J].高校马克思主义理论教育研究，2021(6)：106-113.

[175]王珊珊.党的百年奋斗历史经验蕴含的方法论[J].高校马克思主义理论教育研究，2021(6)：21-29.

[176]孙钦梅.习近平历史观的整体性原则论析[J].高校马克思主义理论教育研究，2021(6)：30-37.

[177]韩学亮，黄广友.新发展阶段"大思政课"的现实语境、价值意蕴及建设思路[J].高校马克思主义理论教育研究，2021(6)：97-105.

[178]李华君，王沛佳.人工智能时代高校思政课的智慧化教学创新与建构路径[J].中国大学教学，2021(11)：35-38.

[179]刘明明，杜先颖.高校思政课改革创新的泛化误区及其匡正进路[J].马克思主义理论教学与研究，2021，1(4)：124-131.

[180]张永刚.思政课教学针对性提升的三重基点：以"马克思主义基本原理"为例[J].马

克思主义理论教学与研究，2021，1(4)：139-144.

[181]刘书林.习近平总书记“七一”重要讲话与高校思政课教学新要点[J].马克思主义研究，2021(9)：52-59，160.

[182]燕连福.“大思政课”建设的基本内涵、历史回顾与未来着力点[J].高校马克思主义理论研究，2021，7(3)：119-130.

[183]陈秉公.谈谈思政课教学的魅力问题[J].思想理论教育导刊，2021(9)：103-108.

[184]王英杰.研究学生：提升高校思政课教学实效性的重要环节[J].思想理论教育导刊，2021(9)：124-127.

[185]谭劲松.思政课教师要努力提升自身综合素质[J].思想理论教育导刊，2021(8)：90-96.

[186]赵春玲，逄锦聚.“大思政课”：新时代思政课改革创新的重要方向和着力点[J].思想理论教育导刊，2021(8)：97-102.

[187]冯秀军.善用“大思政课”的三个维度[J].思想理论教育导刊，2021(8)：103-109.

[188]夏永林.“大思政课”内涵的多维探讨[J].思想理论教育导刊，2021(8)：110-114.

[189]黄蓉生，胡红梅.党史学习教育融入高校思政课探析[J].中国大学教学，2021(8)：21-27.

[190]王定华.新时代高校思政课建设的基本遵循[J].高校马克思主义理论教育研究，2021(4)：77-82.

[191]林进平，曲轩.思政课教学如何做到主导性和主体性相统一[J].马克思主义理论教学与研究，2021，1(3)：119-125.

[192]陈锡喜，吕列霞.习近平党史观融入高校思政课的价值与实践[J].中国大学教学，2021(5)：42-49.

[193]徐稳，葛世林.虚拟仿真环境下思政课实践教学课程化的路径探析[J].马克思主义理论教学与研究，2021(2)：141-145.

[194]王雪超.党史教育融入思政课的实践进路[J].高校马克思主义理论教育研究，2021(2)：106-111.

[195]田心铭.以彻底的思想理论说服学生：学习习近平《思政课是落实立德树人根本任务的关键课程》[J].马克思主义研究，2021(1)：1-10，155.

[196]骆郁廷，李俊贤.思政课何以成为立德树人的关键课程[J].马克思主义理论教学与研究，2021(1)：112-121.

[197]仰海峰.思政课与意识形态领导权[J].马克思主义理论教学与研究，2021(1)：130-133，138.
[198]王易.推动高校思政课建设内涵式发展的思考[J].马克思主义理论教学与研究，2021(1)：134-138.
[199]佘双好.以更加坚定的信心办好思政课[J].马克思主义理论教学与研究，2021(1)：139-143.
[200]庞立生.以大思政理念推进思政课教学改革创新[J].马克思主义理论教学与研究，2021(1)：144-148.
[201]刘凤义.在把握规律中推进新时代思政课的改革与创新[J].马克思主义理论教学与研究，2021(1)：153-156.
[202]李蕉.高校思政课课程评价的意蕴与困境[J].高校马克思主义理论教育研究，2020(1)：101-107.
[203]李祖超，王雷灵茜.用战疫故事丰富思政课教学内容及其实现路径[J].中国大学教学，2020(11)：38-43.
[204]王林平，高云涌.用科学的教学互动激发思政课课堂活力[J].中国大学教学，2020(11)：28-32.
[205]薛晓斌，韩佳琦.2020年春疫情期间思政课教师线上教学创新研究：基于天津市联盟高校62位思政课教师的访谈[J].高校马克思主义理论研究，2020，6(3)：147-156.
[206]寇清杰，孙来斌，秦宣，等.疫情防控进思政课教学建议[J].思想理论教育导刊，2020(8)：4-14.
[207]马立国.新时代推进思政课守正创新关键在教师[J].高校马克思主义理论研究，2020，6(2)：96-102.
[208]程现昆.张力・引力・支力：思政课有效教学的三重维度[J].中国大学教学，2020(6)：39-44.
[209]刘建军.思政课：观照青少年精神成长的三个时期[J].红旗文稿，2019(9)：20-23，1.
[210]王焰新.加强思政课教师队伍建设打好提高思政课质量和水平攻坚战[J].中国大学教学，2019(4)：4-7，27.
[211]冯务中.如何“增强思政课的思想性、理论性和亲和力、针对性”[J].高校马克思主义理论研究，2019，5(1)：13-17.

[212]陶文昭，孙志伟.习近平新时代中国特色社会主义思想进思政课教材的几个问题[J].中国大学教学，2019(1)：17-24.

[213]江畅.核心价值观的合理性与道义性社会认同[J].中国社会科学，2018(4)：4-23，204.

[214]成长春，张廷干，汤荣光.意识形态自觉与价值理性认同[J].中国社会科学，2018(2)：4-25，204.

[215]侯衍社.因时而变遵循规律改革创新-高校思政课教学方法创新的若干思考[J].思想理论教育导刊，2017(9)：112-114.

[216]徐晓旭.文化选择与希腊化时代的族群认同[J].中国社会科学，2015(3)：180-204，209.

[217]李兰芬.国家认同视域下的公民道德建设[J].中国社会科学，2014(12)：4-21，205.

[218]蓝波涛，陈淑丽.社会主义核心价值观情感认同的实现路径[J].教学与研究，2018(5)：91-96.

[219]朱小蔓.情感是人类精神生命中的主体力量[J].南京林业大学学报(人文社会科学版)，2001(1)：55-60.

[220]宋健林.中国共产党意识形态认同培育机制研究[J].思想教育研究，2022(10)：65-71.

[221]王林林，双传学.中国特色社会主义制度的人民主体话语逻辑[J].北京社会科学，2021(9)：15-22.

[222]朱琳，李子建.学生话语的内涵和重要性：课程与教学的转向[J].当代教育与文化，2014，6(4)：56-60.

[223]肖唤元.习近平意识形态思想研究[D].大连：大连海事大学，2017.

[224]张红建.中国共产党意识形态与政治认同研究[D].北京：中共中央党校，2019.

(三)报纸及其他文献

[225]习近平.坚持党的领导传承红色基因扎根中国大地　走出一条建设中国特色世界一流大学新路[N].人民日报，2022-04-26(1).

[226]邓晖，周世祥.写好立德树人“大文章”[N].光明日报，2022-03-18(7).

[227]习近平.学史明理、学史增信、学史崇德、学史力行[N].人民日报，2021-07-03(1).

[228]刘建军. 让有信仰的人讲信仰[N]. 光明日报, 2020-08-13(3).
[229]习近平. 习近平在纪念马克思诞辰 200 周年大会上的讲话[N]. 人民日报, 2018-05-05(2).
[230]习近平. 决胜全面建成小康社会 夺取新时代中国特色社会主义伟大胜利[N]. 人民日报, 2017-10-19(1).
[231]张烁. 把思想政治工作贯穿教育教学全过程 开创我国高等教育事业发展新局面[N]. 人民日报, 2016-12-09(1).
[232]习近平. 在庆祝中国人民政治协商会议成立 65 周年大会上的讲话[N]. 人民日报, 2014-09-22(2).
[233]习近平. 习近平在纪念毛泽东同志诞辰 120 周年座谈会上的讲话[N]. 人民日报, 2013-12-27(2).
[234]坚持用“三个代表”重要思想统领宣传思想工作 为全面建设小康社会提供科学理论指导和强大舆论力量[N]. 人民日报, 2003-12-08.
[235]“‘大思政课’我们要善用之”(微镜头·习近平总书记两会“下团组”·两会现场观察)[N]. 人民日报, 2021-03-07(1).
[236]新华社. 中共中央办公厅 国务院办公厅印发《关于深化新时代学校思想政治理论课改革创新的若干意见》[EB/OL]. (2019-08-14). http://www.gov.cn/zhengce/2019-08/14/content_5421252.htm.
[237]中华人民共和国教育部. 教育部关于印发《教育信息化 2.0 行动计划》的通知[EB/OL]. (2018-04-18). http://www.moe.gov.cn/srcsite/A16/s3342/201804/t20180425_334188.html.
[238]新华社. 中共中央、国务院印发《中国教育现代化 2035》[EB/OL]. (2019-02-23). http://www.moe.gov.cn/jyb_xwfb/s6052/moe_838/201902/t20190223_370857.html.
[239]新华社. 中共中央办公厅、国务院办公厅印发《关于进一步加强和改进新形势下高校宣传思想工作的意见》[EB/OL]. (2015-01-19). http://www.gov.cn/xinwen/2015-01/19/content_2806397.htm.
[240]中华人民共和国教育部. 中央宣传部 教育部关于印发《普通高校思想政治理论课建设体系创新计划》的通知[EB/OL]. (2015-08-11). http://www.moe.gov.cn/srcsite/A13/moe_772/201508/t20150811_199379.html.

［241］中华人民共和国教育部. 教育部关于印发《普通高等学校思想政治理论课教师队伍培养规划（2019—2023 年）》的通知［EB/OL］.（2019-10-23）. https：//www. gov. cn/zhengce/zhengceku/2019-10/23/content_5444000. htm.

三、外文文献

（一）著作

［242］HABERMAS J. Legitimation crisis［M］. Cambridge：Polity Press，1988.

［243］LAND S，JONASSEN D. Theoretical foundations of learning environments［M］. New York：Routledge，2012.

（二）论文

［244］SMITH N R，FALLON T. An epochal moment? the Covid-19 pandemic and China's international order building［J］. World Affairs，2020（3）：78-80.

［245］VENKATESH V，MORRIS M G，DAVIS G B，et a1. User acceptance of information technology：Toward a unified view［J］. MIS Quarterly，2003，27（3）：425-478.

［246］OLIVER R L. A cognitive model of the antecedents and consequences of satisfaction decisions［J］. Journal of Marketing Research，1980，17（4）：460-469.

［247］ABELL S K. Twenty years later：does pedagogical content knowledge remain a useful idea?［J］. International Journal of Science Education，2008，30（10）：1405-1416.

［248］GOH P S C，ABDUL-WAHAB N. Paradigms to drive higher education 4. 0［J］. International Journal of Learning Teaching and Educational Research，2020，19（1）：159-171.

［249］BOSCHMAN F，MCKENNEY S，VOOGT J. Exploring teachers' use of TPACK in design talk：the collaborative design of technology-rich early literacy activities［J］. Computers & Education，2015（82）：250-262.

［250］OLIVEIRA K K S，SOUZA R A C. Digital transformation towards education 4. 0［J］. Informatics in Education，2022，21（2）：283-309.

后　记

回顾研究历程，本成果的付梓，得益于恩师戴艳军教授多年循循善诱、尽心竭力的帮扶；得益于妻女父母兄长一家的长久期盼、默默无言的支持；得益于挚友和同窗学友的恒常牵挂、一如既往的鼓励。

而立余年读博，源于对事业深求的困顿，幸得大连理工大学杨斌教授和陈静云教授点拨与鼓励，走入博士学涯。“饮其流者怀其源，学其成时念吾师。”感谢我的恩师戴艳军教授，从 2014 年开始跟随戴老师学习，她始终以渊博的知识、严谨的学术思维来培养我的科研能力，而让我受益终身的不止如此。我觉得更加珍贵的是戴老师对教育的热爱，这是我后来坚持不懈致力于教育工作的永恒呼唤，这种师者的示范引领有着无穷的力量。2015 年戴老师身体非常不好，可依然拖着疲惫的身体到研教楼为学生上课，依然拖着疲惫的身体给我们指导论文，同门们多次流泪，就是这样一种师者力量感染着我们。感谢恩师身体力行的教育，感谢恩师多年的指导与关怀。

能够在学业尾声之时顺利完成此研究，首先应归功于恩师戴艳军教授，这项研究的每个细节都凝聚了恩师的深情指导，这项研究的提出，更是首先得益于恩师的长期思考与教学实践。文稿的反复修改，从框架到章节目，从文献综述到调研设计，从理论研究到数据分析，再到最后的字斟句酌、格式校对，恩师都鞭辟入里，细致入微地给予指导。文稿的反复修改让我真切感受到“顿悟”和“浴火重生”，感受到学术研究的严谨，更加深刻地理解了什么是学术研究，这些都要感谢恩师字斟句酌的指导。

我还要感谢魏晓文教授、洪晓楠教授、杨连生教授、徐成芳教授、荆慧兰教授、刘志礼教授、马万利教授、刘文宇教授、胡月教授、费艳颖教授、王飞教授、刘洁教授、陈光教授、张淑娟教授、蔡小慎教授，感谢老师们在我研究中给予的悉心指导与点评。

学贵得师，亦贵得友。感谢亦师亦友的秦龙教授、滕国鹏副教授和张社争师兄、董正华师姐、杨正德师兄、全冬梅师姐、李宁师姐、苏琳师姐在调研期间给予我诸多帮助、指导和鼓励；感谢同窗好友张维佳、师妹娄慧、师妹汪晶晶的帮助和鼓励。

自读博以来，为了让我安心读书，父母和妻子承担起家庭的全部重担，默默支持我，女儿总是悄悄帮我关上书房的门，所有的家人都感动着我。我把这份感激写入本书后记，送给我的家人。

本书得以顺利出版，还要感谢中南大学出版社的唐天赋老师，唐老师满腔热情的工作态度和竭尽所能的服务热情深深地感染着我。没有唐老师的辛苦付出，本书出版可能还会花费更多时间。

最后，由于本人学术水平有限，书中的疏漏在所难免，敬请学界同仁批评指正。

赵宇

2024 年 9 月于大连